次元を超えて愛を広めようとする　宇宙の生命〝ボイス〟に捧ぐ

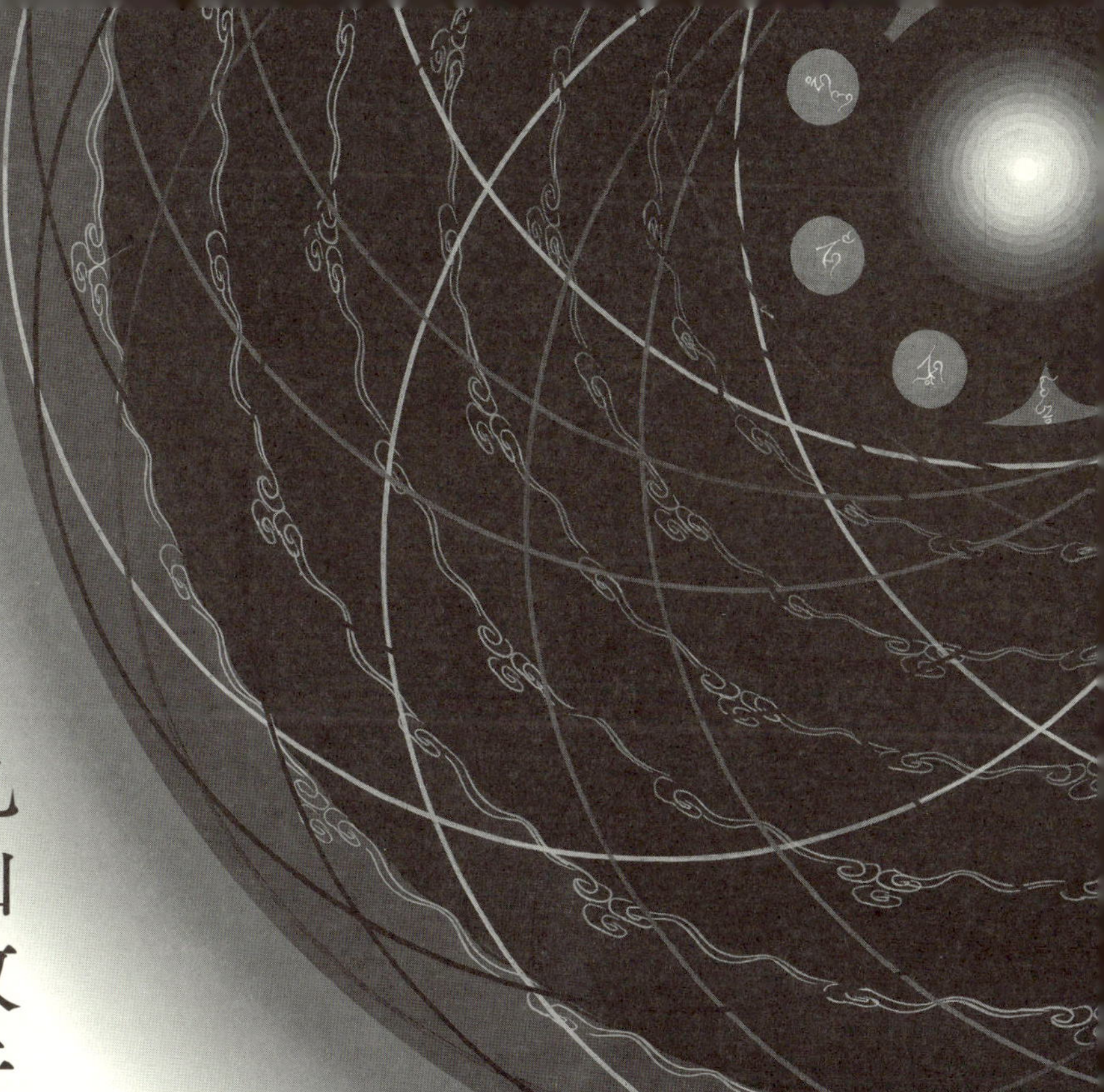

千年を聴く言葉

ボイス1

丸山牧夫

三楽舎

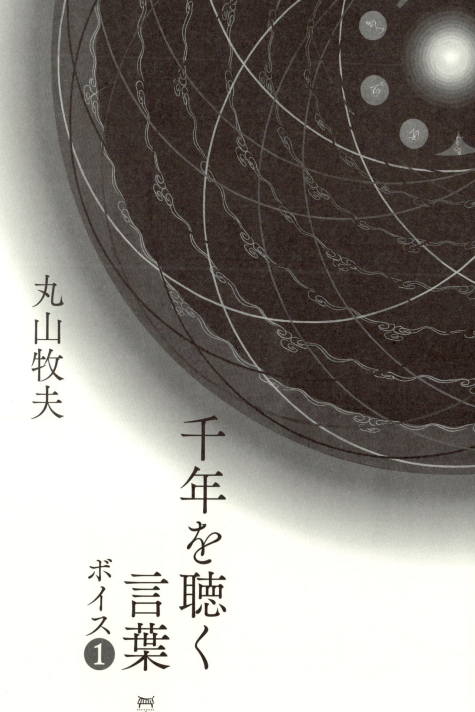

第2章　植物との会話

第3章　他の意識との会話

はじめに

この本『ボイス』とは、目には映らない宇宙の生命体、ボイスから受け取った愛のメッセージです。

それは私たち人間に一方的に伝えられるものではなく、私たちが自分で考えて行動することを期待して用意された教科書のようなものではないかと考えています。

実際のところ、私はこのメッセージの意味をよくわかって受け取っていたのではありません。当初、ただ伝えてくる内容を受け身で聴いていました。聴き始めた頃はよく理解できないところが各所にありました。ちょうど初めて観る名作映画や少し背伸びをして読んだ著名な小説の印象に似ていました。少し難しく感じながらも、彼らの話が人間全体に向けられているものだとわかりました。

ボイスからは「人間は意識でできている」「意識はなくならない」「愛情を学びましょう」など、多くのメッセージが届きます。日々彼らからの言葉を何気なく受け取っていましたが、その調子は一貫して変わらないことに気がつきました。

一方で「あなた方人間は私たちの励ましの声を聴いたのだから、自分で考えて愛情ある行動をとりましょう」「生命としての責任を全《まっと》うしましょう」という忠告も聴こえてきます。

その声は、はっきりとした声ではありません。自然と心に伝わってくる波動と言ったらよいでしょうか。集中すればよく聴こえてくるものの、他に関心を向けるとすぐに消えてしまいます。それはちょうど宇宙の真理を語る「声なき声のささやき」のようです。

ボイスの声を受け取ることは、迷いながら進む船が灯台の光を浴びることのように感じます。聴いているうちに焦点が次第にはっきりとしてきて、遠くの目標がわかり始めます。そして少しずつその目標に向かっていくことを実感します。

彼らから送られてくる声を受け取りながら、自分の生活を見直すことが多くありました。身近なもののすべてに意識があると教わって、日々の生活や人との関係を見直し、今まで関心の薄かった動物や植物をずいぶんと振り返るようになりました。

ボイスの声を聴きながら、この声はどこかで聴いた気がしました。誰に教わったのだろうかと考えましたが、すぐにはわかりませんでした。やがてそれはこれまで出会った知人、先輩、そして両親などから感じた優しい感情と同質のものと気がつきました。この本『ボイス』は人間が長い道のりを旅するための道標《みちしるべ》のようです。

「人々はこの本を読むでしょうか」とボイスに尋ねると、「読みます。私たちが苦労して著《あらわ》したのですから」と答えます。「愛のメッセージですね」と尋ねると、「そのとおりです」と答えます。「人々に期待していますか」と聴くと、大声で「期待します。人間よ、がんばれ」と聴こえてきます。何ともわかりやすく、その調子は、ユーモラスですらあります。この声の主、ボイスは私たち人間のはるかな先輩であり、私たち人間のよき友人と考えています。

本書では、ボイスからのメッセージの上には―を付けて、私の言葉と区別しています。

この本の内容を大別すると、①ボイスとの会話、②植物との会話、③他の意識との会話という構成になっています。彼らと話したいと願うとすぐに会話は始まりましたから、前後の脈絡がなく質問をして答えを求めたりしています。その時々で感じたことを思いつくままに質問していますから、話の内容が唐突に感じられるかもしれません。できる限り質問の順序にそって収録しました。また、私を訪ねてくれたボイスも植物の意識も亡くなった人の意識も、私たちに近しい存在です。彼らは皆、私たち人間の友人です。

はるか昔から遠い将来にわたって私たちが耳を傾けさえすれば、いつでも聴くことのできる声、それがボイスです。

また文中に出てくる「意識」とは、一般的な表現として使われる「魂」や「霊」と同義語で、肉体と精神をコントロールしている源《みなもと》という意味だとご理解ください。

本書では、宇宙の友人から送られてくるメッセージを可能な限り正確に伝えようとしています。既に大量のメッセージが送られてきています。少しずつ本にして皆様の元に届けようと企画しています。

『ボイス』が愛を伝える教科書として広く読み続けられることを願ってやみません。

丸山　牧夫

第1章

ボイスとの会話

ボイスとの出会い

どのような存在か

皆様がどのような存在なのかを教えていただけますか。

――私たちはただの「声」とのみ自分たちのことを紹介いたします。

なぜそのような抽象的な存在と名乗るのですか。名前があるのではありませんか。

――私たちはそのように具体的な名前を名乗らないことによって、より人間に私たちの表現が伝わると信じています。人間と信頼する関係を築くには、まだ少し時間がかかるでしょう。いずれ私たちの身分を明らかにするときが来るでしょう。今はただの「声」と名乗らせてください。

皆様は年齢があるのですか。そして、ある一定の場所に住んでいるのですか。

――年齢はありません。また特定の場所にはいません。ある一定の意識の集団とのみお答えしておきます。

伝える相手に選んだ理由

なぜ私を選んだのですか。

――求めていたからです。私たちの声を求めていたからです。

私でなくとも皆様の声を求める人は多くいるのではないでしょうか。

――私たちの声を求めているのは人間だけではなく、あらゆる地球の動植物が求めています。その動植物たちが一斉に私たちを求めることはありません。ある時、ある機会に私たちの声を求めてきます。伝える人にあなたを選んだのは、私たちが伝えようとしているときに、あなたが熱心に私たちの声を聴こうとしたからです。

つまり、偶然ということですね。

――そのようにお考えになるのはあなた方の自由です。私たちにとってみると、偶然も必然もありません。強く求めている意識に反応したにすぎません。

地球の人々に伝えたい理由

私を通して地球の人々に伝えたいと考えた理由は何でしょうか。

――それは宇宙の壮大な計画によります。

宇宙の壮大な計画とは何ですか。

――私たちは人間と同じように意識を持った生物です。私たちは人間に愛情を伝えるという使命を持って生きています。
宇宙は生物を成長させようと努めています。宇宙は人間に生存を保障しようとしています。それは私たちがつくったものではありません。

誰がつくったのですか。

——私たちには答えることができません。私たちがつくったのではないとしか言えないからです。宇宙はすべての生物を育てようとその場所を用意します。生物が育つ環境を宇宙は準備します。いったい誰がその場所をつくったのでしょうか。私たちは正確には知りません。けれども、この宇宙には生物が育つ環境をつくる意思が働いていることを私たちは知っています。その意思こそが私たちをこのように動かしています。人間もまたその宇宙をつき動かす意思を持って生きています。そのことを私たちはよく知っています。

つまり、私たちも皆様も宇宙をつくる意思を持って生きていると言うのですね。

——そのとおりです。私たちはそのことを宇宙の壮大な計画と感じています。

どのような計画なのですか。

――宇宙は絶えず変化し、大きく成長していくという計画です。

それは地球だけではないのですね。

――そのとおりです。人間が生きている地球という星を越えて、宇宙空間は大きく広がり、成長し、変化していきます。その変化する中に人間はいます。

ではその変化する環境の中で、私たちに皆様の使命を伝えようとする理由は何ですか。

なぜ皆様は私たちにその宇宙の壮大な計画を伝えようとしたのですか。

――あなた方人間はなぜ生きているとお考えですか。なぜ地球に生まれたのかと考えたことはありますか。数ある星の中でなぜ地球を選んだのかを胸に手をあてて考えたことはありますか。

いいえ。なかなかそこまで考えたことがありません。

――ではお答えしましょう。人間は地球で生活をしたくて地球を選びました。数多くの星の中で、一番自分の成長に適した星として地球を選んだのです。

つまり、意識をして地球に生まれたのですね。

――そのとおりです。

他の星を選ばずに地球を選んだ理由は何ですか。

――それはあなた方自身が選んだのですから、よく考えれば思い出せるはずです。一般的な理由をお話ししましょう。一般的というのは、すべての人にあてはまるわけではないという意味です。
人間は好奇心が強いのです。変わったものが好きなのです。地球はとてもユニークな星です。さまざまな生物がやってきます。意識の成長にとって必要で多様な要素を持っています。
簡単にいえば、多くの生物が住み、多くの意識が混じりあって地球をつくっています。生物が寄り集まり、一大交響曲を奏でているように感じられる星なのです。

つまり、とても魅力的な場所だと言うのですね。

――そのとおりです。多くの人間は地球に行こうとします。研修する場所として地球を選びます。

では、その研修をしている地球の人たちに皆様はなぜこの『ボイス』を通して伝えようと考えたのですか。

――私たちは人間に伝えることが使命と感じたのです。その使命を私たちがなぜ感じたのかを説明します。

私たちは人間のようには生きていないのです。意識として存在し、実体を持ちません。けれども、あなた方と同じ意識を持つ生命です。

あなた方と私たちとの決定的な違いは、物理的な身体を持つかどうかです。人間は肉体を保有し、私たちは肉体を持ちません。人間は意識を持ち、私たちも意識を持っています。

私たちとあなた方は、生きている場所を異にしても、実はとても近い存在です。つまり、意識として存在している点でとても近い存在です。似ているが故に力を注ぎたいということは理解できるでしょうか。発達の近い存在に対しては親近感を持ち、その成長を支えたいと願ったのです。

それは皆様の生存にとって必要なことですか。

――私たちの生命も人間の生命も互いに支えあっていることをお伝えしましょう。私たちは生きていて、人間に私たちの声を送る。人間は私たちの声を聴き、時に慰められたり励まされたりします。その一方で、私たちは人間の元気になったエネルギーを通して新たな活動をするという循環をしています。

つまり、エネルギーを相互に補っていると言うのですね。

――そのとおりです。

誰に読んでほしいのか

この『ボイス』は誰に読まれることを期待しているのですか。

――はい。すべての人に読んでほしいと考えています。とりわけ地球の生活が嫌になった人や、生きていくのがつらいと感じた人たちに読んでもらえることを期待しています。

それはせっかく地球の生活を選んでおきながら、どのように学習したらよいのかわからない人たちだからです。ぜひ地球でよく学んでほしいのです。

何を学ぶのですか。

――あなた方の課題は愛情を学ぶことです。愛情を学ぶことはとても大事なことです。そして、愛情を学ぶにはとてもエネルギーがいります。

なぜ学ぶのにエネルギーがいるのですか。

——とてもよい質問です。もし最初から人間が宇宙の愛情を体得していたら、地球に行って学ぶまでもありません。はるか宇宙のかなたまで見通す力があれば、複雑な生活を選ぶ必要がありません。

複雑？　地球での生活は複雑なのですね。私は単純なのかと思っていました。

——いいえ。地球で生活することで、生物は非常に多くの経験をすることになります。例えば海にいる生物一つをとっても、暖かい海流や冷たい海流、速い流れやゆっくりした流れなど、さまざまな体験を経て生きていくことになります。人間はさまざまな環境に適応し、文明の中で生きることを通して少しずつ成長していきます。それは生物にとって大変貴重な経験にほかなりません。複雑な中にこそ、人間の生命を輝かせる材料が隠されています。

つまり、生きていくのに困難な状況があるからこそ、人間の意識は変化し成長するのですね。

——そのとおりです。そして、宇宙を構成している意識・愛情の一段階を体得していきます。

愛情には段階があるのですね。

――そのとおりです。人間が経験によって得られる意識の段階は無限にあります。

なぜ宇宙はそのようなことを用意したのですか。何もそのような複雑な経験をしなくても、学ぶことはできないのでしょうか。

――あなたのご質問は、もっと効率よく愛情を学ぶ道はないのかということですね。

はい。そうです。

――あるのかもしれません。しかし、私たちにはそれに答えることはできません。私たちにわかっていることは、この宇宙の中のどのような生命の発展に対しても、宇宙は平等に応えているということです。

地球には多くの生物がいます。そこに存在するすべての生物に対しても、宇宙はその成長を支えようとしています。人間にはまだそのことがよくわかっていないのではないでしょうか。

はい、わかっていません。

――では、まず多くの生物と仲良くすることです。彼らの声に耳を傾けてみましょう。やがてあなた方は、その周囲にある多くの生物こそが人間を長く支えていることに気がつきます。愛情を持って支えているのは、すぐそばにある植物や動物たちだということを理解し始めます。それは、すぐ目の前に来ています。

交信についての質問

なぜこのような形をとって交信するのですか。

――人間と私たちとの交信方法は限られています。私たちはあなたの携帯電話やメールに自分の波長をのせることができないからです。

なぜこのような手段がとられるのですか。

――難しい質問ですね。あなたにはその役目と効果がわからないということですね。

そのとおりです。

――私たちにはそのことをわかりやすく説明する力はありません。私たちにわかることは、いつもその時々、その場所に応じて適切な手段・方法が与えられるということでしょうか。
もしあなた方のパソコンに、今から私たちのメッセージが載ったとしたらどうでしょうか。人は私たちを当初は理解できず、他国や他の星からの侵略者として攻撃しようと考えるかもしれません。物事には成熟するまでに適当な時間が必要です。

この交信はその一つの手段なのですか。

――手段と考えると少し違います。人間は私たちと同じ仲間であるからです。私たちは生きていて、人間より少し経験が多い者たちなのです。子供が遊んでいたら池に落ちないように、「危険な所に行ったら危ないよ」「もっとこっちで遊ぶといいよ」とそばで助言する者たちです。

わかりました。それならば、なおさらお聴きしたいのですが、なぜ私のように交信する人が少ないのですか。

――今こちらの者たちは皆、あなたの質問を聴いて笑っているのです。皆、同感して笑っています。

どういうことですか。

――私たちもまた、こちらで少数なのです。決して私たちがたくさんいるのではないのです。海で泳いでいるところを想像してみてください。あなたは泳ぐのが上手で、家族や友人と海で遊んでいるとします。あなたはそのとき、沖の方から大きな波が近づいてくるのを発見したとします。まだ海で遊んでいる人たちは誰もそのことに気がついていません。あなたはどうしますか。

大声を出します。大波がくるぞ。すぐに逃げろと。

——陸へ行けばいいですか。

いや、近くの者は逃げられても沖の者は無理で、むしろ波をやり過ごす方がよいです。

——皆、その大波から逃げられますか。

無理かもしれない。しかし、やってみなくてはわからない。

——何をしますか。

大声をあげます。そばの者に伝えます。

——あなたの声は届きますか。

いいえ、波の音に消されます。

――どうしますか。

祈ります。私の声を聴いてくれ。耳を澄ませてくれ。危機が目の前に迫ってきている。早く気がついてくれ。私の声を聴いてくれと。

――それが私たちの願いなのです。

危機が近づいているのですか。

――いいえ、あなたの役目を比喩《ひゆ》で伝えています。

私にはそれだけの方法しか残されていないのですか。

――なぜそう思うのですか。

波が去った後、私だけが残っていること、陸の近くに赤ん坊が一人遊んでいることとしか見えてこないからです。

――そのとおりです。

これは比喩なのですか。もっと皆を救う方法を教えてくれませんか。私は大波を見ているのに伝える術《すべ》はないのですか。

――残念ながらありません。その中で叫ぶあなたがいるということを伝えているのです。そのとき、私たちがいて守ろうとしたことを伝える人は皆無なのです。人は皆、絶望を感じています。

私もまた同じように感じています。

――違います。残された赤ん坊こそ、今の地球の人々だということなのです。地球の長い歴史の中で、このような天変地異は数限りなくあったのです。あなたの知っている限りでも、ヴェスヴィオ火山の爆発やローマの荒廃、インダス文明の崩壊などがあります。私たちが人間に伝えるメッセージは希望なのです。

どうしてこれが希望なのですか。まるで災害を引き起こして、気がつかない無辜《むこ》の民たちを苦しめているのではないのですか。

――私たちは、意識の感覚を鋭くしなさいと伝えているのです。海に出て遊ぶのはよいことです。ただ、目の前にあるボートや浮輪だけ見るのではなく、そこに大いなる力が働き、ないだ海や暖かい風ややわらかい光をつくり出している存在に気がつきなさいとアドバイスしているのです。

人はそれに気がつかないと言うのですか。

――そのとおりです。

そのたびに災害が起こると。

――そのとおりです。

私は悲しい気持ちになります。

――なぜですか。

なぜそのままではいけないのですか。和やかに遊んでいる人たちの命を一度に奪うのですか。

――誤解しないでください。いつも災害が現れるのではないのです。人の前には落ち着いた生活や暖かい日ざしが用意されています。そして時に、人が成長するための障害が準備されているのです。その障害を越える方法を伝えるのがあなたの仕事なのです。

少し理解しました。しかし、すべては理解できません。

――全体を見ながら判断してください。宇宙の摂理《せつり》は、誰にでも光があたるようにできています。

ボイスは誰

皆様は具体的な人ではないと教えていただきました。どのような姿形なのですか。

――人間のような姿形はありませんが、一定の意識を持って活動しています。人数を数えることは意味がありません。私たちはあなた方とこのような会話をすることを仕事としています。

今私たちとこのように話をしていますが、他の生命とも話をするのですか。

――話をします。その生命はあなたの想像する生物の姿からかけ離れているので、説明するのが困難です。

何がかけ離れているのですか。

――生物として生存している形は、地球の人間と大きく異なります。また、今あなたとこのように話をしていますが、宇宙ではさまざまな言語が使われています。

皆様と私たちとは異なる存在なのに、このようにコミュニケーションがとれる理由はなぜですか。

――もともと人間は他の生物ともコミュニケーションがとれます。とりたいと思いさえすれば、他の生物ともとれます。

しかし、現状では皆様とうまくコミュニケーションがとれないし、求めている人でもその声を聴くことができないという話を聞きます。

――大丈夫です。いつか必ず聴くことができるようになります。

しかし、期待して耳を澄ますけれども、聴くことができないと言われます。

――人間は小さな声を聴いたときに、その声に焦点を合わせることが得意ではないのでしょう。

皆様の存在がよく理解できないから、その声も聴こえないのではないでしょうか。

――あなたは私たちの存在がはっきりと映像に映ったり、私たちの声が物理的にあなた方の鼓膜に響いたらよいと考えているのですね。私たちの声は物理的な音ではなく、私たちの存在は人間と大きく異なっています。

つまり、私たちの考える存在と皆様の実際の姿とは大きく異なるので、皆様がどのようなものかを想像するのが難しいと言うのですね。

――『ボイス』を読み進めるうちに、読む人は私たちのことを少しずつ身近なものと感じてくるはずです。その中で感じるものが私たちなのです。あなた方が私たちのことを最初は疑問に思っても、読んでいくうちに少しずつ私たちがどのように生きているのかわかり始めます。

よく読めばわかると言うのですね。

――私たちは人間とは、同じ形をとっていません。同じ生活をしていません。けれども、人間のことをいつも気にしています。より大きく成長するように、いつもそばにいて応援しています。

私たちは、全く形のないものを理解するのは得意ではありません。

――いいえ、そうではありません。あなた方の創造するものの中には、形のないものを表しているものが多くあります。

私たちは、内心の思いと行動とが異なることがあります。その内心の思いと皆様とがよく響きあいます。

――その響きあうことこそが、この声です。この声は誰なのかと聞かれたら、次のように答えるとよいでしょう。

まず、この声とは人々の内心の声と共鳴している地球外の生命の声です。

私たちの存在は、想像することが困難でしょうが、体を持たず物理的な生活をしていない生命体です。

さらにどのような考えをしているのかと問われたら、「宇宙全体の平和を望み、人間の意識の成長をいつも気にかけている存在」とお答えください。

またその生命は、はるかかなたの年月まで生きることができると伝えてください。

皆様の存在をどのように伝えると理解してもらえるのでしょう。

――簡単にいうと、理解する人にも理解しない人にも区別しないで話すとよいでしょう。

どのようにするのでしょうか。

――相手を選ばずに話をするとよいでしょう。今この声に関心のない人も、やがて関心を持って独力で声を聴くことができます。それは大切な経験となります。

経験こそがこの声を聴く一つの方法だと言うのですね。

——この声を理解する人も理解しない人も、やがて私たちの声を感じ始めます。私たちの存在を信頼できる人は、私たちの声をよく聴くことができます。最初よく聴こえないとしても、あきらめずに何度もやってみてください。

多くの人と共に私たちの声を聴こうとするときには、誰か一人が私たちの声を聴くことができたら、その人から私たちの声を聴くのもよい方法です。

つまり一人で聴くことばかりでなく、集団で聴くことも有効だと言うのですね。

——人々が私たちの話に焦点を合わせれば、多くの人が私たちの声を聴くことができるでしょう。

具体的に尋ねます。

——どうぞ。

皆様は何人いて、どこに属し、これからの活動は何をするのですか。

――具体名は言えません。単に「声」ということでご理解ください。あなたの先輩の哲学者や宗教家につらなる者とご理解ください。何人かというと、地球的表現では三人とか三十人となるかもしれません。一つのグループです。これからの活動は主に地球の人たちの教育です。

皆様の声を聴く人に私は選ばれたのですか。それとも自ら希望したのですか。

――どちらとお考えになるのも自由です。誰にでも機会は与えられています。

私は自由な意思で活動すればいいのですか。皆様の指示を仰《あお》ぐべきですか。

――もちろん自由な意思で行動してください。助けが必要なときに呼んでください。

私と皆様との関係は何ですか。

——友達です。

この世に生まれてきた理由

とても基本的なことなのですが、教えてください。

——どうぞ。

なぜ私たちはこの世に生まれてきたのですか。

——生まれてきた理由がわからないということですか。

なぜこの地球があるのか、なぜ私たちはここにいるのかと考えたりします。

——宇宙を貫く基本は成長です。人間は成長を希望して地球上に現れています。

地球に生まれないと成長しないということですか。

――宇宙には数多くの星があり、地球だけが成長に適しているということではありません。しかし、多くの機会に多くの事物と出合い、その経験を糧として成長するために、地球はとてもよい環境なのです。

他にも訓練する場所はあるということですか。

――そのとおりです。選ぶのも自由です。

私は地球の発展した場所で男に生まれたいと望んだ…。

――自由にご想像ください。

なぜはっきりと教えてくれないのですか。

――ご存じのはずです。解答が先に用意されれば、問題を解く意欲は失われます。

わかりました。では成長とは何ですか。単に大きくなることではないようですが。

――これも具体的に説明するのは難しいので、例えで説明します。あなたが山を登る人だとします。山頂を目指して登ろうとするとき、何を用意しますか。

登山のための靴、衣服、食料、あるいは記録するためのカメラなどです。

――そのとき一番大事なことは。

丈夫な体。

――それよりも大事なことは。

登ろうとする意思。

――そのとおりです。人々は山を登ろうとして登ります。なぜ登るのですか。

山に登りたいから。

——もっとよく考えて。

山に登る経験を通して心を鍛えたいから。険しい山登りをしてよい気持ちになりたいから。

——よい気持ちとは。

「よく頑張った。つらいけれど山の上のよい景色を見ることができた」という満足感が得られます。

——そのとおりですね。単に物の観点からみればエネルギーを放出するだけです。経済性の点からは意味があるとは思えませんね。
大事なのは登りたいという意思と、登ったという達成感ですね。それは言葉を換えて言うと、成長したいという意思の表れですね。

はい。

――人は誰でもこの成長したいという意思を持って地球に生まれてきます。この成長を実感するために山があります。山は地球の意味です。

皆が山に登りたいと言うのですか。

――山は例えですが、人は誰でも成長を望んで地球にやってきます。しかし、その成長の方法はそれぞれ異なります。どのような経験をしたいのかは、各人の意思に委ねられています。それぞれが違う山に登ります。しかし、登っていくうちに何のために登っているのか忘れてしまう人も現れてきます。そのようなときに、私たちは自分が望んでこの山を登りにきたことをその人にささやきます。

ささやく。耳のそばで。

――あくまで例えです。あなたは山頂の美しい光景を見るためにこの高い山に登っている。今登っているのはあなたの意欲の表れで、私たちは応援していると伝えます。

山頂の風景は登る人に見えているものですか。

――残念ながら見えていません。しかし、見たいという気持ちを登る人は持っています。それを忘れないでほしいと私たちはそばでささやきます。

「山頂の景色は展望がきいて、よい気持ちになるよ」と言って。

――そのとおりです。この山頂から見る景色を誰もが登っているときに忘れてしまいます。そこで私たちは、山頂から見る景色はこんなによいと伝えているのです。

なぜ皆様がいないと登ることを忘れてしまうのですか。人間に自由意思があるのなら、一人でいてもそのことを思い出すのではないのですか。

――よく理解されました。私たちはいつもこのように具体的に話すわけではありません。本来、人は自分の力で山に登り、自分でその光景を想像できるものという考えもありますから。
私たちは人間の言葉で言うところの、おせっかい好きな者たちと理解してください。
ただ、私たちの存在が必要とされているとだけお伝えします。

わかりました。私たちは山に登るとき、登っている過程を楽しんでいます。苦しいばかりではなく、空・雲・樹木・動物や虫たちを楽しく見ています。そこに皆様はいるのですか。

——はい、おります。危急《ききゅう》なときにも平穏なときにも私たちは存在しています。

もう一度教えてください。今このように話をするのは、深い理由があるからですか。

——そのとおりです。しかし、それを説明するのは私たちの役目ではありません。

知っているけれど言えないということですか。

——いいえ、正確にはよくわからないのです。私たちの考えですので、もっと広い観点からみれば違っているかもしれません。

地球上の人間の歴史の中で私たちが現れるときは、変化が予想されている時代です。天変地異という意味ではないのです。人の意識の変化です。

人の歴史の中でこのように直接私たちと話をして、さらにその生活に影響を及ぼすようになったことはありません。古い時代、神官が王に仕《つか》えた時代でも、このように具体的に私たちは話してはいません。もっとゆるやかに言葉を使い、慎重に事が運ばれました。

しかし、このように私たちと人間が具体的に話ができるようになった理由は二つ考えられます。
①人間がそれだけ成長した。
②人間の生活に変化が必要な時代がやってきた。
私たちにはこのことを説明する能力はありません。あるいはもっと深い意味があるのかもしれません。ただ変化は危機ではありませんから、人々にはさらなる発展の機会が用意されていることをご理解ください。

そして、変化のスピードが増すたびに私たちの出現する頻度が増すということです。深い理由はわかりません。あるいは変化の先にはさまざまな新しいスケジュールがあるのかもしれません。私たちが理解しているのはそこまでです。

教えていただいてありがとうございます。次に私たちの生活は、皆様からみると
どう映っているのか教えてください。

——私たちは二つのことを感じています。

①物質に囲まれて生活している。そこで、物の支配の影響を受けやすい。

②人間の生活が自由になるためには変化が必要。

私たちは何度も現れて人間と話をします。人間の考えに共通していることは、肉体がなくなれば自分もなくなると考えていることです。また、今の生活の中では物の有効性や便利さを追求するあまり、私たちの存在を認めることが難しいのです。

そこで一番お伝えしたいことは、私たちの存在は人々の延長線上にあり、人間の意識は永遠に活躍するという一事です。

時は人がつくった基準

時について質問します。

――時は人間が便宜的《べんぎてき》に区切った単位です。

宇宙に、いや皆様の世界に時はあるのですか。

――ありません。時は単に人間の世界の言葉であり、比較するための基準です。

よくわかりません。もっとわかりやすく教えてください。

――それでは人間の世界の言葉で説明します。ＤＶＤなど記録媒体の中に過去の記録が保存されていますね。

はい。

――その一場面を再生すると過去がよみがえってきますね。

はい。

――仮に過去からの人間の歴史を一枚のＤＶＤに収め、再生することができると考えると、現在も過去もなくなることが想像できませんか。

よくわかりません。私たちの世界は過去も現在もすべて一枚のＤＶＤの中にあるという意味ですか。

――それに近いということです。あなたは私たちと交信しているときに現在を感じますか、過去を感じますか。

よくわかりません。はるか昔に亡くなった人と交信したことがあります。そのときに感じたことと同じです。皆様の声は現在を生きている人の声と感じます。

――それが一つの答えです。現在も過去も同じ平面・同じ次元にあるのが私たちの生活なのです。そこで、過去・現在・未来はなく、すべて現在があることになります。

想像するのが難しいです。

――こちらに来ればとてもわかりやすく、たちどころに了解します。

わかりました。

時についてさらにお尋ねします。皆様の世界では過去も現在も未来もつながっているというお話でしたが、それは皆様の世界の特徴なのですか。それとも私たちの世界と同じなのですか。

――人々が時をどのように考えるかによって、時の考え方は異なります。ある一つの出来事を例にとって考えてみましょう。

あなたが今、食事をしているとしましょう。今、おいしい料理を口に運んでいます。料理を口に運ぶその時を止めることはできません。料理がいかにおいしくても、食事が終わればおいしかった記憶は過ぎていきます。

けれども、これは今を基準として人々の頭の中で考えていることにすぎません。あなたは本当においしい食事をとったのでしょうか。食事が終わってしまえばそれは過去の出来事となり、記憶をたどって食事という出来事を思い出すことができます。しかし、そもそものような食事という出来事はどのようにして存在しているのでしょうか。

質問の意味がわからないのですが。

――では言葉を換えて話します。あなたがその日おいしい食事をしたという事実は、何によってわかりますか。

証拠が必要ということですか。

――いいえ。その日おいしい食事をしたという事実はあなたの記憶にあるとしても、その記憶が失われてしまえばなくなってしまうのではありませんか。人々が存在していると考えていることも、過ぎ去ってしまうとその存在を確かめる方法が限られてしまうことに気がつくはずです。けれども、あなた方はそのようなものを過去にあった出来事としてしっかりと存在しているものと考えています。

つまり、過去の出来事は確実なものではないと言うのですね。

——人間の考え方についてお話ししています。あなた方が現在を中心として過去や未来の出来事を考えるとき、過去はもう既に通り過ぎてしまい、地球上には存在しない出来事と考えています。また将来のことは不確定で、地球上にはまだ起こっていない出来事と考えています。

違うのですか。

——今までお話ししたとおり、過去も現在も未来も人間が呼び方を決めたものですが、三つに分けて事実があるのではなく、一つの出来事にすぎません。

まだ起こっていない出来事と既に起きてしまった出来事が一つの出来事、というのがよくわからないのですが。

——人間が現在を中心として、過去の出来事と未来の出来事とに分けて考えていることは知っています。

けれども、少しそこから離れてみてください。人間が生きている一生を一つの単位として考えると、過去や未来はどのようなものになるでしょうか。また、先祖や将来あなたの考えを引き継ぐ人たちのことを考えると、過去や未来は一つの仮定だということがおわかりいただけませんか。

ちょっと理解しかねます。お話しになっているのは自分一人の人生を中心に考えるのではなく、自分の先祖も未来に生まれてくる人間も、一人の人生のように同じに考えてみるということですか。

――そのとおりです。あなた方は自分一人を中心に考えていますが、人間はある瞬間に命が生まれ、ある瞬間になくなるものではありません。

つまり、命は失われないと言うのですね。ではその永遠に成長する人間の意識をもとに時を考えると、どのようになるのですか。

――過去も未来もなく、すべてが現在となります。人間は過去にも未来にも存在し続けています。過ぎ去った出来事はなくならず、現在も存在し続けます。また未来の出来事も、いつかではなく、今起きている出来事です。

やはりよくわからないのですが、時というのは人間がつくったものである、過去も現在も未来もない、ということはどのように考えるとよいのですか。

――自分の存在を中心に考えるよりも、広く人間という意識で考えてみてください。細かく切断された時ではなく、生命の生きている連続した形として考えるとき、過去や現在や未来は一つの出来事として感じられるはずです。

そのように考え始めると、廃虚の前で歴史的な史実に出会うことも将来起こるであろう出来事も、目を閉じて瞑想《めいそう》すると実際に今体験できるのです。

つまり、時間の感覚を変えると言うのですね。

――それが本来の姿なのです。時というのは人間が便宜的につくった観念だからです。過去も現在も未来もすべては現在です。

意識の持つ色合い

色とは何ですか。

——波長です。光の出す波長です。

皆様と関係ありますか。

——大いに関係があります。

皆様はどんな色をしていますか。

——緑色です。

なぜ緑色なのですか。

——意識にはそれぞれの色があります。色は各人固有のものです。ちょうど花の色がさまざまあるのに似ています。

色と意識に関係はありますか。

——私たちは深く考え、それは哲学・教育に関係しています。

その色を好むから緑色なのですか。それとも、哲学的な考えは緑と決まっているのですか。

——なぜ緑の葉を持つ木があるか知っていますか。またなぜ広葉樹は紅葉するのかを知っていますか。

生存するために都合よく発達した。

——ダーウィンの進化論ですね。しかし、ダーウィンの理論どおりに私たちは存在しているのではありません。

ある一定の方向の考えは、ある一つの色彩を帯びるということを覚えておいてください。また、変化して動き始めれば、緑色の存在も赤い色に変化します。人間も同じでしょう。私たちは今あなたと話す限りにおいて緑色ですが、危機が訪れると赤く変化して活動し始めます。しかし、私たちのもととなる色合いは変わりません。

色について再度教えてください。私たちは人生の方向を生まれるときに決めて、この地上に出てくると教えていただきました。私たちは色についても決めているのでしょうか。

——色は人々の意識の衣服のようなものです。あなた方がある生き方を決めて生きようとするとき、その衣装となる色が決まってきます。

例えば地球上の人生で冒険をして生きていこうとすると、赤色になるということですか。

——いいえ、もう少し複雑です。意識が持つ色というのは、その人生の主たる色彩です。ただ地球の生活で冒険をしたいと考えても、それで意識の発する色彩が赤い色になるのではありません。

では、その意識の持つ主たる色合いは、誰がどのように決めているのでしょうか。

――少しわかりにくい話ですが、覚悟して聴いてください。人はさまざまな経験を通して成長していきます。人の持っている色というのは、その人がどのように生きていくのかということです。

その人がどのように生きていくのかが色だというのは、どういうことですか。

――あなた方はご自身の色がどのようなものか気がつかないと思います。一人ひとりそれぞれに意識の持つ色合いがあります。その色合いとは、人間の生き方と関係があります。

もう少し詳しく説明しましょう。人は多くの経験を通して意識の成長を遂げていきます。人には、それぞれ成長していく方向があります。例えば音楽を通して周囲の人たちを幸せにしたいと考える意識は、芸術家を目指していきます。その人の意識は明るいグリーンや、柔らかなピンク色であったりします。それぞれの人は異なった色合いを持っています。その色合いはそれぞれが微妙に違います。またその色合いはいつも一定ではありません。

意識の持つ色が一定でないとすると、その意識の色合いは決まっていないことになるのではありませんか。

――確かに表面の色合いはさまざまに変化します。けれども、その人に備わった基本的な色は変化しません。

つまり、意識は成長し変化をする。その成長とともに色合いは変わるが、その意識がもともと持っている色合いは変わらないと言うのですね。

――そのとおりです。意識には変わる部分と変わらない部分があるということです。

それは永久不変ということですか。

――そのような質問が出ると予想していました。次のように考えてみてください。あなた方がご存じの星「金星」は明るく金色に輝いています。けれども、光があたらないときは暗くて、目には映りません。金星の持つ色合いは何色でしょうか。

わかりません。

――地球は宇宙空間では青色に輝いています。光があたらなければ、金星同様暗くて見えません。さて、これらの星の色は何色でしょうか。

私には見当がつきません。

――私たちから見ると、地球は青く、金星は金色に感じられます。それがその星の持っている色です。次に地上に生えている植物は何色でしょうか。

多くは緑色です。花の色はさまざまですが、多くの葉は緑色です。

――植物の多くは緑色ですね。人間は何色でしょうか。

さっぱりわかりません。

――地球で生活しているときは、地球の影響を受けて地球の色に近く感じられます。けれども、地球の色から少しずつ変化して、独自の色合いを持つ人も現れてきます。

つまり、多くの人とは違う色合いを持つ人もいるのですね。

――そのとおりです。色というのは、その人の意識の方向に関わっています。人が地球から離れて私たちのいる空間に移動すると、その色は変化してきます。

どのような色になるのですか。

――地球を離れてこちらの世界に移ると、多くの意識はより白く透明になります。

なぜそのように変化するのですか。

――環境に応じて意識も変化するからです。

つまり、環境が変わると考えも変わっていくということですね。

——そのとおりです。

迷いと変化

もしすべての人が私のように回答を求めていたとしたら、皆様は教師として忙しすぎませんか。

——心配することはありません。必ずしもいつも答えているわけではないからです。また、必要かどうか私たちが判断しています。

なぜ私たちは自分の意思の決定に疑問を持つのですか。もしそれほど意思の力が重要であるなら、人は迷うことがないようにつくられていればいいのではないですか。

——重要なことを質問していますね。人は生きている以上、迷うものと考えてください。迷いなく判断が下されたときがあったとしても、すぐに迷うものと考えてください。迷いをどうぞ受け入れてください。

どういうことですか。

——たとえ地上で偉人と呼ばれる人であっても、生きていくときに迷いなく生きることは難しいのです。

私たちの声を聴き、魂の命じるままに困難を乗り越えたとしても、また次なる悩みや迷いが発生していくもの、それが地球での生活です。それを受け入れて、なお自己を高めていくことが人間の修練の目的です。

迷いが常につきまとうものだとしても、それに対処する方法はないのですか。

——いいことを教えてあげましょう。遠い空を眺めてごらんなさい。空ですら一日のうちに変化するのに気がつくでしょう。自然の風景と人間の意識とは深く結びついています。まず自然の風景から学んでごらんなさい。

自然の風景には変化があります。人間の迷いは、自然の風景の変化の一つと考えてみてください。

迷いは変化の表れなのですね。

――人間は悩む中で成長していきます。物質が永遠に形をとどめることは難しいのです。常に変化していきます。その変化を見て、人間もまた同じだと考えることです。

難しいですね。

――簡単です。変化に身を委ねるのです。

よくわかりかねます。物の変化の中に自分を託すという意味がよくわからないのですが。

――あなたはまだ形にとらわれています。あなたの本体は意識です。変化していくのはあなたの周囲の物質です。その物質の変化の中に、変化しないあなたの意識を委ねてみることです。

迷うことで変化していると言っていましたが。

――あなたの本体そのものは変化していません。変化していくのはあなたの周囲に付属しているものです。

肉体や家や衣服などですね。

――そのとおりです。

その変化に悩むな、ただリラックスしろと言っているのですか。

――そのとおりです。あなたの世界の出来事は感覚器官を通して投影された、まさにバーチャル（仮想）な映像の中で起こる出来事と考えてください。バーチャルの画面が消えても、あなたそのものは変化しないし、消滅しないのです。

わかります。

——あくまで例えです。意識はなくならず、周囲が変化していくときにその影響を余裕を持って観察し、自己の修養をしなさいということです。

理解しました。

——そして、このことを理解しやすいように周囲に伝えてください。このような表現で伝えることは困難なことです。実際に感じれば容易なのです。しかし、感じることもまた、なかなか困難です。

何をしたらよいのですか。

——今感じていることをよりわかりやすい言葉、わかりやすい表現で文字に直してください。ちょうど映画を文字に直して、うまく伝えてほしいという感じに近いと思います。次元の違うものを表現するのは困難を極めます。ただ、その違いを理解していないと伝わっていきません。

もう一度お聴きします。人間はなぜ物の変化を通して意識の成長を図ろうとするのですか。

――あなたの質問に対して質問でお答えします。どのようにしたら意識は成長することができると思いますか。

意識の世界だけでは成長がしにくいということですね。

――私たちはすべての回答を用意していません。あなたへの回答も、その質問に対する一部の答えだということをお伝えします。

意識はさまざまな場所でトレーニングを積んでいきます。あなた方のまだ知らない場所も多く用意されているということだけお伝えしておきましょう。それ以上、私たちにはお答えできません。

影響しあう意識

私たちが成長することは、皆様の世界とどのような関係がありますか。

――大変よい質問です。人間の世界はまた、私たちの世界に非常に近いのです。あなた方の考え方は私たちの世界に影響を与え、私たちの考えはまた、あなた方の世界に影響を及ぼします。

もっと具体的に言ってください。

――私たちの世界の流行はそちらの世界でも流行し、反対もまた真です。

では、物質と意識との関わりもまたそうですか。

――何ですか。

意識の存在や永遠性を信じられない意識が、そちらの世界でも増えているのですか。

——あなたの想像力には脱帽します。一点において当たっています。こちらの世界に来ても物質に執着する意識があることは認めます。しかし、意識の支配する私たちの世界では、遅かれ早かれ物質に依存する気持ちはなくなっていきます。反対にこちらの世界の影響はむしろ地球上に表れています。物質の世界から精神の世界へと案内される本や考えは、地球上で増えています。

また、従来の伝統的な考えや偶像崇拝は、退いていくことに気がつくでしょう。

私たちに希望していることは何ですか。

——自己が意識であることを認め、その自己の成長を願うことです。また、その発展を応援している者たちがいることに気がつくことです。

皆様は神なのですか。

——いいえ、違います。

皆様は神を信じていますか。

――意識の成長を企《くわだ》てている仕組みのもとを神と呼ぶならば、私たちはそれを原理や仕組みと理解しています。その原理の存在を信じています。

それは、皆様の多くの人たちが同じ考えなのですか。

――私たちの周囲はそのとおりです。しかし、意識も成長のあり方もさまざまですから、私たちと他の意識では違う説明をすると思います。ただ、こちらの世界から人々を助けようとするときには、意識の永遠性や成長することに反対する者は少ないはずです。

皆様は死なないのですか。

――蝉《せみ》が脱皮するように、意識が変化することはあります。しかし、死ぬことはありません。

なぜ私たちだけが死ぬと思い込むのですか。

――物質にとらわれるからです。地球上の経験の中で、意識が永遠に存在することを目の前で見る場面がないからです。

それは物質の中で生きる宿命ではないのですか。

――必ずしもそうではありません。人間は夜、夢を見ます。肉体が休めば意識の世界に戻ることを毎晩体験しています。

それならば、なぜ私たちは意識の実在を信じられないのでしょうか。

――あなたのように、自在に私たちの世界に来られないからです。

私はそちらの世界に行っているのですか。

――知らなかったのですか。あなたは私たちの世界に来ているからこそ、このようにはっきりと私たちの言葉を聴いているのです。

私は、皆様が来ているのかと思っていました。

――認識の違いということかもしれませんが、あなたは以前から私たちの世界に来ています。

私は、皆様の世界を鮮やかに感じられません。

――それは、そちらの世界のやり方で感じようとするからです。肉体に頼って感じようとしても感じられません。

何を頼れと話されているのですか。

――あなたの意識をより鋭くすることです。私たちは今、あなたとあたかも喫茶店で話すように会話しています。これはあなたが私たちの世界に来て、意識を同調させているからです。

皆様には私はどう映るのですか。

――もともと意識には形はありません。私たちは自由にあなたに形をつけて聴いています。

形をつけて聴くということは、どういうことですか。

――私たちは個々の意識に対して、人間の形を仮にあてはめて、見たり聴いたりします。

映像化するということですか。

――そのとおりです。

そのとき、私はどのように見えるのですか。

――若い男の人です。

なぜ若い男の人になるのですか。

——簡単なことです。人間の意識には色や形をつけやすい傾向があります。例えばこの人は青い色の考え方をしていて、人間の男の人の傾向を持ち、地球でこのような暮らしをしている。そのような推測から形をつくることが可能です。

何だか私たちは粘土細工の人形のようですね。

——例えることは自由です。ただし、その中の意識はそれぞれ確固としており、違ったものです。

わかりました。

人間の目指す世界

皆様の目指す世界について教えてください。

――問いの中に、すでにあなたは答えを用意しています。

どういうことですか。

――あなたが思い描く世界は美しい世界でありながら、地上では戦いや混乱の風景が見える。それを私たちが望んでいるのかと尋ねています。

はい。

――これは答えられない質問の一つです。地球の生活は多義的な意味があります。もし地上が清く澄んでいるだけの世界であれば、生命は汚れを知らないことになり、清く美しくなろうとする意欲が失われます。

一方、全く汚れきった世界で生命の成長発展が望めないのであれば、その場所は生きていくのに不適当なことになります。

つまり、地球は成長するのに都合がよいほどの汚れ具合だと。

——比喩ですから、そこだけに重点を置かないで考えてください。意識の成長に限界はありません。いついかなるときも成長し発展しています。環境が適切かどうかと考えるよりも、不断に成長していくことに着目してください。

意識はどこに行っても成長しようとします。その成長の過程こそが大事なのです。私たちが応援するのは、その成長する意識なのです。まだ人々にはその意識の成長する姿がよく見えていません。

なぜですか。

——こちらの世界に来て自分たちの世界を眺めれば、私たちの言っていることがよく理解できるでしょう。私たちはもう、人間（ある星で暮らす生命という意味ですが）を卒業したので、あなた方がなぜ私たちのように成長が見えないのか理解できます。私たちはもう物質ではありませんから、物質にとらわれることはありません。大きな家に住みたいとか、美しい姿の人に憧れるということはありません。しかし、成長しようとする意識に魅《ひ》かれることは大いにあります。こちらの世界に住んでいれば容易にわかることです。

次に、私たちの大事なエネルギー源は愛情を感じること、愛情を受け取ることです。あなたが隣人に愛情を注げば、私たちはそこに着目し、関心を示し、その心や行為からエネルギーを受け取ります。

何度も言うように私たちは生きていますから、エネルギーを必要とします。物質にとらわれている人間に私たちの存在を伝え、隣人に愛情を示すことを話す必要があります。

この意識を伝えるうちに、人々は私たちを「神」と呼んだりします。しかし、決して「神」ではありません。

私たちの生きている世界は、成長し進化する意識の世界です。それはとどまっている世界ではありません。成長するために、秩序の混乱している状態もあります。また天災や疫病で惨憺《さんたん》たる状況のときもあります。

私たちが地球の人たちに期待するのは、その意識が成長していくことです。子供を育てるように慈しみの心を持ち、弱い者に手を差しのべ、生きとし生ける者にあまねく光を注ぐ存在を目指すようになることです。難しいことではありません。

あなた方のそばにたくさんの模範例があります。植物はいつも人間のそばにいて美しい花を咲かせます。動物は人間の生活に楽しみや愛情をもたらします。光は世界にさまざまな実りを持ってきます。この光や動物や花に学んでください。必ず人々の意識は成長し続けて、やがて暗闇を照らしたり楽しい音を奏でたり、人の心を慰める色をつくり出すに違いありません。

質問します。

——どうぞ。

私たちは常に発展し続ける存在と教えていただきました。

——そのとおりです。

その過程がどのように進んでいくのかは、私たちにはよくわからないと説明されます。

――はい。

私たちが迷うのは、行き先が見えないからですか。行く先がもっとはっきりとしていれば、迷わずに進んでいくのではないでしょうか。

――そのとおりです。誰でも行く先に目標があれば、自信を持って歩いていけますね。

なぜ暗い現実は用意されるのでしょうか。

――あなたは暗い現実と言いましたが、正確にいえば、暗いところも明るいところもある現実ですね。

はい。

――あなたは、もっと人々の行く道を常に明るく照らしたいのですね。

そのとおりです。

――あなたの熱意は大事です。しかし、意識の成長には、さまざまな障害が必要ということも理解してください。人間が成長するために用意された、この地球のすばらしさをあなた方は十分に理解していません。この地球のすばらしさは、他の星に行けばよくわかります。

他の星とどのように違うのですか。

――風ひとつとっても違います。人間が住むのに適した風が地球にはあります。宇宙には地球では考えられないほどの風が吹く場所もあります。光も同じです。やわらかな太陽の光は、地球のあらゆる動植物の成長を助けています。

そのようなことを私たちは知りません。

――少しずつ知ればよいのです。あなた方人間には、そのようなすばらしい場所が用意されているのですから。

私は皆様から聴いた話をどのようにしたらよいのですか。

――少しずつ話をすればいいのです。聞かれたら話せばいいのです。必要なことは、いつでも必要なときに現れてくるものです。

責任とは成長を応援すること

責任とは何のことですか。

――責任とは意識の成長の一翼《いちよく》を担うことです。地球では、生命の尊重といわれています。私たちの言っている意識の成長は、もっと広いものです。あなたの住む地球上の生命ばかりではないのです。宇宙にいる生き物たちは皆、成長し発展しているのです。その成長を応援することが私たちの責任です。人々が戦争で死んでも、あるいは天災に巻き込まれて死んでも、私たちの責任は終わらないのです。私たちは永遠に成長し続ける意識をいつまでも応援します。

それほど永続する仕事はつらくないですか。

――あなたは生きていることをつらいと思ったことはありませんか。

あります。

――では、私たちの答えもあなたと同じだとお答えいたしましょう。私たちも時々、もっと明るい光が欲しいと思います。きっとあなた方には理解できないでしょうが。けれども、宇宙の法則は絶対で永遠なことを私たちは知っています。時に困難を感じることは、人間でも私たちのような意識であっても同じです。成長には必ず雨や風にあたることが必要だと心に刻んでおいてください。
私たちに責任があるように、私たちの存在を感じた人にも責任があります。意識の存在を地球上の人々に伝えることこそ、あなたの責任です。
あなたは私たちと違って肉体を持っています。私たちは人間の肉体の器官を通してしか発声できないのです。どうか心を尽くして、力を尽くして、私たちの存在を伝えてください。

わかりました。どうぞお伝えになりたいことを続けてください。

伝える理由

皆様が熱心に話す理由を教えてください。

――人々がよりよく学習するためです。人々が地球の生活をよく学ぶための教師の役割を引き受けているとお考えください。

なぜ皆様は、今、私たちのところに現れて話をしてくださるのでしょうか。

――あなた方が成長するのにちょうどよい時があります。木が成長するのに光があたるちょうどよい時があるように、動物が餌をとって大きくなるのに時があるように、人々も大きく成長するのによい時があるのです。

皆様の声を聴いて、人間が成長する時期だと言うのですね。

――そのとおりです。人間が成長するのによい時期がやってきています。あなた方の周囲を見渡してみてください。地球全体を眺めてみてください。
大きく眺めてみると、人間はこの地球上に現れてからよく学び、人と人との関係の中に愛情を持つことを理解し始めています。

人間は十分成長して、次の段階へ進もうとしていると言うのですね。そのときにその変化を支えるために皆様は現れ、応援しているということですね。

――人間の歴史を振り返ると、人間同士の争いが繰り返されています。その多くは自国の利益を守るための戦いでした。
今、地球上の人間の多くは人間同士の争いの無益さに気がつき始めました。その結果、地球上の風景は美しく変わってきています。他国の人の歴史や考えを尊重しながら、自国のことを考えることができるようになったのは、つい最近のことです。

人間が皆様の声を聴くのによい機会が到来した、と言うのですね。その時機に皆様が熱心に伝える理由は何ですか。

――あなた方の成長を願っているからです。人間は形のないものを信頼することに慣れていないのです。
もともと人間の本来の姿には形がありません。ただそれだけのことを理解するだけでも、あなた方にとって大事な成長の機会がやってきたと考えるからです。

皆様から教えていただかないと、人間は気がつかないのでしょうか。

――自然と体得する人もいるでしょう。私たちの声を聴かなくては人間が成長しない、ということではありません。けれども、何度も同じ訓練をしている人、あと少しで深く理解できる人が私たちの声を聴くと、よく理解が進むものです。

皆様が私たちに伝えることはどのようなことですか。

――私たちの使命をお伝えしています。私たちはあなた方人間に話をすることが私たちの仕事だと考えています。

伝えることによって何が得られるのですか。

——ちょうど人間が子供を育てているとき、子供が笑えば楽しいと感じるのに似ています。食事を運び安全に保護しているうちに、子供が話し始めたときや歩きだしたときに持つ喜びの感情に似ています。

皆様は人間にとっての教育者なのですね。

——その言葉が適切かどうかはわかりません。あなた方が私たちの言葉を必要だと感じるからこそ、この『ボイス』を伝えています。

私たちが皆様の声を必要としていると言われましたが、どのようなときに感じるのですか。

——今まさにその声を聴いています。あなたは私たちの声を聴きたいと、何度も私たちに頼んでいます。私たちがなぜこれほど熱心に伝えるのか、おわかりになりますか。

わかりません。

——それが必要だからです。震災や天災がなぜ起こるのかよく考えてください。

意識が消滅することがあるのですか。

——はい。歴史の中にたくさん登場しましたね。大災害、天変地異。

意識の変化のためですか。

——その理由の詳細は告げることができません。いつということも申し上げられません。常に意識は変化して成長していくのです。変化が要求されるのは地球だけではなく、宇宙のあらゆるところでも起こるのです。

その中で意識はずっと存在し続けると教わりましたが。

——成長し発展していくものも、消えてゆくものもあります。新たに発生するものもあります。

要するに地球での練習期間の済んだ意識は、地球上から消えていくということですね。

――地球上からだけではないのです。

よくわかりません。意識の存在は永遠だと説明されたはずですね。

――意識も消えることがあります。

結構です。すべてのことには始まりがあり、終わりがあるのですから。私が最初に消える意識であるのなら、ぜひ一番にその意識として立候補します。

――いいえ、消えるのはあなたというのではないのです。成長した意識は消えていくことがあるということだけお伝えします。

私には理解できません。限りなく成長し発展すると言われて、今度は消えてなくなると言う、何を信じろと言うのですか。

——こちらの世界に来たときに私の話を理解できるでしょう。個の意識が消えて、もっと大きな意識となっていくという話ならば理解できるでしょう。

全く消失するということではないのですね。

——そのとおりです。
今のあなたの思いを込めて、詩を作ってください。

なぜ

なぜ　あなたは泣くの
なぜ　あなたは遠くをみつめているの
なぜ　あなたは黙っているの

なぜ　あなたは そばにいてくれないの
なぜ　なぜ 私はいつもひとりなの
私はいつもひとり静かに泣いている

なぜ　私はいつもこうやっているの
誰かがそばにいるっていうのに
私にはわからない
誰かが励ましてくれているっていうのに
私にはわからない
私はあなたがいないのがうらめしい
私はあなたがそばにいないのがくやしくてつらい
あなたは骨になって消えてしまった
私の世界にはいないことがわかる
たとえどんなに励ましてくれたとしても
私にはわからない
私はいやだ　もうこんな生活がいやだ
どうしてあなたは一人で逝《い》っちゃったの

私を残して逝ってしまったの
私は今泣いているの
あなたを思って泣いているの
いいえ　私は自分のことだけを思って
泣いているの

――今、あなたはあなたの身近な人の気持ちをうたっています。あなたの能力はこの詩をうたう力だということを覚えておいてください。
人は時に詩を作ります。しかし、他人の気持ちを心の奥まで表現したとすれば、それは本当の芸術家です。もう一つ詩を作ってみてください。

いつか

いつかそんな日が来ると聴いた気がする

平和で穏やかで静かな熱意の溢《あふ》れる日
白いこだまが流れ 精霊の遊ぶ日
いつかそんな日が来ると感じた気がする
のどかで 静かで ほとばしる熱意が目に宿る日
私の言葉があなたの言葉となり
死んだ者と生きている者が仲良く遊び
遠い夕日の丘に精霊の遊ぶ影が映る日
いつかそんな日が来ると信じた日がある

悲しみ

——悲しみについて話します。

悲しむことは地球上の生活と皆様の世界では違うのですか。

——同じです。少し質が違うかもしれませんが。

どういうことが違うのですか。

――地球の生活では、物の存在に重きが置かれます。物の喪失《そうしつ》を人は悲しみます。人が死ぬことも物の喪失の一つととらえます。

しかし、こちらの世界に物はありませんから、物が喪失しても悲しみません。しかし、意識の力が少なくなると悲しみます。

具体的にはどういうことですか。

――意識も成長し発展するのですが、消えたり力が衰えたりもします。

意識は必ずしも皆様の期待どおりには成長し発展しないのですね。

――はい。そのときに私たちは悲しみます。

なぜ、そのとき悲しいのですか。

──私たちは、他の意識が成長していくのを何よりの喜びとして生きているのです。それは私たちの本能のようなもので、何より意識が成長していくのを願っているのです。それでも意識の光が衰えていくこともたまにはあります。そのときが一番つらいのです。

それを皆様は悲しみと言うのですか。

──はい。

それを詩として教えてください。

──お望みなら、作ってあげましょう。

悲しみ

光が届かなくなったことを知った
あなたが暗闇の中にいる
あなたは光を見たいと思いながら
暗闇の中に入っていった

私たちはあなたのそばにいて
話しかけたり 励ましたりした
いつか耳をすまし
心の中に響く声を頼りにして
少しずつ鼓動の高まりを覚え
私たちに話をすることを祈っている

私たちはいつまでも待っている
あなたが上を見れば
いつでも私たちが見えるように

大きな羽音を出して飛び
あなたが泣き声を出せば
いつでもそばに行けるように必死に耳をすまして待っている
静かにひそかに私たちは待っている
どうかその日まで元気でいることを
いつも私たちは願いながらいるのだ

――あなたも詩を作ってみてください。

願い

誰も悲しまない　そのような日が来る
誰も話をせずに　静かにほほえむ日が来る
ひととき静かな話が続き
やがて旅立つ者を囲み　出発の時を待つ

そのような日が来る

私はその人の手を取り
これから行く道を静かに告げ
安心するように話をする
手に伝わる暖かさは少しずつ去り
私はその人の思いを脳裏に刻む
生きてきた喜びを共に味わい
これから出会うすべての人たちに
祈りと感謝をこめて
幸が訪れることをあらわす

その人の活躍したこと
光に溢れてすごしたこと
希望と共に働いたことを
家族と共に静かに話してすごすだろう

私は静かに聴く者として
しばらくの時をすごし
彼の行く手を見守るのだ

誰も知らない

あなたの行く末を誰も知らない
あなたのたどった道を
皆がすっかり忘れるように
あなたの行く未来を誰も知らない

私は少しだけ知っているので
あなたの手を握り　心の声を送る
何も心配することはないこと
あなたは今　新しい旅立ちをしようとしていること
ここにいる人の誰も　あなたの行く先を知らないこと

そして全く心配のないこと
やがてあなたはどうするべきか
自然とわかってくること
悲しむことのないこと
つらさから解放され自由になること
多くの者が祝福を送っていること
大事なことは あなたはなくならず
また新たに成長していくこと
そしていつまでも私たちの仲間であること

望み

望むのは 光になること
人知れず 暖かい光を送ること
望むのは 風になること
心地よい風を人の心に届けること

望むのは 声になること
死ぬ苦しみを解放する野の声となること
望みは たとえほっておいても
どこかで成就されると信じているのだ

――あなたの方が詩はうまいですね。思いは同じだということがわかりますか。

はい。少しずつ憂鬱《ゆううつ》な気持ちがなくなってきました。

――あなたはこのように闇の中に行こうとする意識の気持ちがわかるのです。感じることは、価値のあることだということをお知らせしておきましょう。この世界で大事なことは、共感と理解です。どうぞ、よい地球の時をお過ごしください。

時と成長

時と成長についてお尋ねします。

――はい、どうぞ。

私たちは限りなく成長していく存在ですね。

――そのとおりです。

限りない経験を経て、エネルギーを増していく。

――はい。

時と成長の関係について教えてください。

――難しい質問ですね。成長するのに時間が必要ではないのかという質問であれば、イエスです。時こそが成長の鍵であると言うのならば、ノーです。地球にいる感覚ではお伝えしにくいのですが、地球上のように、ある時を経て成長していくことだけが成長のモデルではありません。

地球の歴史ひとつとっても、文明はずっと成長し続けているのではありません。成長や退行を繰り返しています。しかし、時間とは別に人間は成長し続けています。

時間と成長とは無関係とすると、何が成長にとって大事な要素ですか。

——何度も言うように意思です。成長を望む意思があれば、長い人間の歴史を超えて、意識は宇宙へ飛翔《ひしょう》します。

どういうことですか。

——必ずしも段階を経て、意識は成長しているのではないのです。遺伝子が突然変異するのはご存じですね。人間の意識もまた、突然に変化することがあります。

意識が変われば、地球の人の文化も変わるということですか。

——そのとおりです。地球の文化の上では、私たちは存在していません。分子構造をとっていない私たちは、いわゆる人間の科学上では存在していません。

しかし、私たちの存在を科学の目にとらわれず（いずれ科学的に解明される日は来ますが）ただ純粋に受け入れる寛容さを地球の人が持ったならば、文化は根本的に変わってきます。

『ボイス』はその変化に対して、何らかの影響を与えていますか。

――もちろんです。この『ボイス』の文章は世論を形成していく一要素となります。文化は新しい意識の受容からつくられていくのです。どの時代もそうです。いずれ私たちの存在が当然のように受け入れられる時代が来ることを私たちは知っています。今ではありません。

しかし、遅かれ早かれ（本来私たちからすると、遅い早いという概念すら奇妙なものなのですが）人間は、当然のように私たちの考え方と私たちの存在を認めるようになるでしょう。私たちはその時が来るのを待っているのです。

皆様の住んでいる世界と地球では、時についての考え方が違うように感じます。人間が死んで次の世界に行くと、時間はあるのでしょうか、なくなるのでしょうか。

――まず、時というのは物質のある世界での基準だということを覚えておいてください。その基準は、人間の意識が地球を離れてからも人間を拘束するものではありません。

つまり、地球にいる間だけ、時に縛られて生きているのですか。

――人間が物質の世界に行った途端、物質のリズムの中に入っていきます。生きているものは、必ずその成長のリズムを地球と共に刻んでいきます。

地球と共に刻む成長のリズムが、時なのですね。

――それは時の一つの要素です。

それ以外に時について、どのような考えを持っているのですか。

――人間の世界の広さを時で表しています。例えば星と星との距離を光の進む速度と時を組みあわせて説明します。

それは私たちの使う、時の概念ですが、皆様の世界とは共通ではないのですね。

——そのとおりです。距離や時間は、私たちの世界ではもともと意味を持ちません。私たちの世界で基準となるのは、エネルギーの強さとなります。

つまりエネルギーが強ければ、人間が考える時間・空間を超えることができるのですね。

——そもそも私たちの世界には時間の観念がないのです。また、距離は物質的距離ではありません。

エネルギーの強さによって距離が測られる。

——そのとおりです。

何度説明されてもピンとこないのですが、私たちは肉体を離れると、すぐにその感覚を身につけるのでしょうか。

――人それぞれです。今この話を聴いてなるほどと納得する人は、肉体を離れたときに新しい感覚を身につけることが容易でしょう。

私たちの意識は地球の感覚で何年生きているのですか。

――難しい質問です。なぜなら意識はいつも肉体を得て活動しているのではないからです。地球のような星で肉体を得て活動する時代と、意識が意識として活動する時代を人間は選択して生きているのですから。

その仕組みがよくわからないのです。人間は意識の成長する環境を自由に選べるのでしょうか。

――そのとおりです。自由に選べます。

では自分の意識の成長度がわかるのでしょうか。

――成長すればわかります。

成長しないとわからないのですね。

――そのとおりです。人間が地球を選び、そこでどのように暮らすのかは、人間自身が選ぶことだからです。

時について再びお聴きします。

――どうぞ。

時の感覚とは、人間だけが備えているのですか。

――地球の動物は人間のように時を意識していません。人間のように何年間生きるという感覚を持っていません。例えば西暦何年という言葉も、地球の多くの動物たちにとっては意味を持ちません。また過去の記憶を辿《たど》るのも、人間以外は意味を持ちません。

なぜですか。皆様は過去の出来事を振り返りながら未来を考えないのですか。

——何度も話すように、あるのは常に現在です。人間の頭の中にある観念が自分たちを縛っているのだと思います。時というのはある一つの尺度です。けれども人間は意識でできていて、その意識がたゆみなく成長していくのです。そのことが基準だと私たちは考えています。

つまり、時間や場所は皆様にとっては意味がないのですね。

——そのとおりです。

わからないのです。本来意識は場所にも時間にも影響されないが、たまたま地球では、意識が場所と時間とに限定されていると言うのですね。

——そのとおりです。本来時空を自由に活動する意識が、その行動を限られて地球に行っているのです。そのことを人間は忘れて生きています。

忘れたのは人間がそれを選択したからなのですね。

――そのとおりです。

この話はいつも私には理解ができないのです。もう少しわかりやすく教えてほしいのです。なぜ人間はそのような変わった経験を積んでいるのですか。

――意識が成長するためには、さまざまな環境が準備されています。地球はその中の一つなのです。そしてとても魅力的な場所の一つです。意識は、自らが成長する場所を任意に選べるのです。あなたが地球を選んだのも、その魅力に心が引き寄せられたからに違いありません。

どのような魅力なのですか。

――生物が非常に多くいる。さまざまな成長の過程にいる。発展が予想できる。そのようなことです。

選ぶにあたって、生きている間の障害も選択できる。

――そのとおりです。

人間はそれだけ成長したのだから、地球での生活の概要をあらかじめ伝えられている。

――そのとおりです。

それが『ボイス』なのだと。

――全くそのとおりです。理解しやすい工夫が各所に施されています。

地球と意識の成長

――表現を換えて述べると、人間は地球上で肉体という障害を持つことで、意識が成長する機会を得るのです。

地球に誕生すれば、赤ん坊のときは言葉を上手に話すことができず、自らを移動することすら親の手を借りなくては容易ではありません。今まで簡単にできたことが、容易に一人ではできないところから始めなくてはなりません。ただ、少し時がたつのを辛抱すれば、少しずつ話すことも動くことも容易となります。すなわち、一度得た自由をすべてリセットして、自由に動けないところから始めなくてはなりません。

なぜそのような環境を用意するのが適切と考えられたのですか。

――あなたがこの国の王だとしたら、国が発展するためにどのように考えますか。

私ならば何も、今までの記憶をすべてなくして最初からやり直したりせずに、今までの記憶を残し、なお新たな世界で発展していく道を考えますが。

——そのような方法も用意されています。現に地球に行かない意識もいます。

では、なぜ地球にたくさんの意識が誕生するのですか。

——そのような質問に答えるのは、私たちの担当ではありません。私たちに言えることは、わずかに次のことだけです。
「地球は意識の成長に適したすばらしい場所である」
「地球に行った意識の多くは、見事に成長して戻ってきている」

それはわかっていることなのですね。

——そうです。人間が感じているよりもはるかに地球のよさを私たちは知っています。

何がどのような理由で、地球はよいのですか。

——あなた方には理解しにくいと思いますが、次のことはヒントにはなると思います。

物質の中で意識は自分の存在を確認するうちに（表現を換えていうならば、迷ったりはぐれたりしているうちに）少しずつ自分の本来の姿を思い出します。

本来の姿を思い出す？　よくわからないのですが、自分の存在を意識だと思わない意識があなたの世界にもいるのですか。

——残念ながら、そのとおりです。

なぜ意識が意識と認識できないのですか。

——あなたはいつ自分のことを意識と認識しましたか。

ずいぶんと大人になったときです。

——そうですね。地球で生きていく中で多くの障害を越えていかないと、自らを意識だと認識できませんね。

もう一度お尋ねします。私はこの地球上に来なくては、自分を意識だとわからなかったのですか。

――「そうです」とお答えしましょう。一つの事柄には、複雑な意味がありますから、そのように考えてください。

では、私が意識だと自分で認識してもなお、何度も訓練をする必要があるのですか。

――それは、あなた次第なのです。たとえ自分が意識だとわかっても、また肉体を着て迷っている者たちと暮らしたいと考える意識もいるからです。

皆様はどう考えているのですか。

――私たちは、それぞれ使命を帯びていますから、地球に行くことが必要と感じれば、いつでも行きます。

地球人になるのですか。

――そのとおりです。

もう一度、教えてください。

――何ですか。

地球に生まれる意識にもさまざまな役割があるのを知っています。それは、すべて自分の意思ですか。それとも、何か他の意思のなせる業ですか。

――あなたは、自己の意識と他の意識とを分けて考えているから、そのような質問をされるのです。自他同一という言葉を知っていますか。

自分も他人もないということですね。

――そのとおりです。地球に生まれた意識も宇宙の意識を感じれば、それはすべて宇宙の意識に同調するのです。

同調するのですね。

――想像し難いかもしれませんが、一人の意識から出る波長が宇宙の意識と重なれば、自己の意識はなくなっていくのです。

難しいですね。

――難しくないですよ。この記録はすべて宇宙の意識で統一されているのを知っていますか。

よくわかりません。

――どうぞ宇宙の意識の輝きを存分に感じてみてください。あなたの心の底に、私たちの心の響きが共鳴していることを、どうか感じ取ってください。

意識の本質は何ですか。

――それは波動であり、光です。

その究極は何なのですか。

――地球の言葉で言えば、愛情です。

私たちはそれが欠けているのですか。

――いえ、忘れがちですが、ないわけではありません。時々愛情を忘れがちです。

忘れがちですか。

――あなた方は、目の前にある物に心を奪われがちです。いつも心の成長ではなく、物の収集に関心を持っています。どれだけ愛情ある意識を育てたかということではなく、どれだけ物を集めたかということに傾きがちです。

それは、地球で生きているからではないのですか。

——あなたは、意識の成長が環境のせいで害されていると言うのですね。しかし、それは誤っています。地球は意識の成長にとってよい場所です。地球はそもそも意識の成長を応援している場所なのです。

意識の成長を応援している、という意味がよくわかりません。あなたのいる世界では、応援されていないのですか。

——あなたは、どのような場所にいたら意識が成長すると思われますか。もし私たちのいる場所にいたとしたら、今のあなたになったでしょうか。

わかりません。そちらの世界を知らないので、比較することができません。

——そのとおりです。しかし、意識が成長することは大変なエネルギーを要します。

誰のエネルギーですか。

――誰と聴かれると困ります。私たちということでご理解ください。

つまり、私があなたの世界にいて成長するのには、この地球にいるよりもエネルギーを要するということですね。

――そのとおりです。

では、なぜこの地球にずっと意識を置いておかないのですか。肉体の寿命を千年にも二千年にもすれば、もっと意識は成長するのではないのですか。

――そのとおりです。そのような星もあります。あなたが想像する以上に、宇宙には魂（意識）の学校があります。どうかこの地球での経験も貴重な経験として味わってみてください。

私たちのこの地球上での経験は、そちらの世界にも影響を与えているのですか。

――もちろん、影響を与えています。

どのように影響を与えていますか。

――個々の事例をあげるのは適当ではありません。例えばあなたが考えたり想像したりすることは、私たちに瞬時に伝わります。

伝わるとどうなりますか。

――助けたり応援したりします。

どの程度まで、皆様は私たちの意識に関わっているのですか。

――すべての出来事にわたって関わっています。

私たちが独自で考えて、皆様の関与から逃れることは可能ですか。

――いいえ、できません。

すべての考えをお見通しだと言うのですね。

――はい。

そうであれば、皆様にとって都合の悪い考えは変えてしまうこともありますか。

――いいえ、原則としてありません。私たちは人間の考えを伸ばすことはあっても、止める権限も変えることもありません。しかし、もし地球の運命に影響を及ぼしそうなときには、私たちも積極的に人間に関与します。

人間に関与するのですね。私にも関与したのですか。

――もちろん。あなたにはたくさん関与しています。

私にはわかりかねる話です。

意識は永遠に成長する

楽しいとき意識は動く

――楽しい話をしましょう。

はい。期待します。

――あなたはどんなときに楽しいと感じますか。

例えば知らない所に来ると楽しくなります。それから、人と会うと楽しくなります。

――よい例ですね。人間は好奇心が満たされたり、人と話をすると楽しくなります。それらに共通することは、言うまでもありませんが意識に関係します。意識が外部から刺激されたり、意識の交流が起こると楽しくなります。しかし、なぜだかおわかりになりますか。

意識同士のエネルギーの交流があるからですか。

——そのとおりです。なぜ、エネルギーの交流は楽しいのでしょうか。

よく説明できませんが、エネルギーが増えているからではないのでしょうか。

——楽しいとき、人はどのような状態になりますか。

心が躍るとか、湧き立つような気持ちになります。

——こちらに来ればよくわかりますが、まさに楽しいときには意識は動くのです。また、悲しかったりつらいときには静かになります。
そこでお聴きします。人が意欲を持つきっかけは何だと思いますか。

よくわかりません。

——意識が動けると思うかどうかです。地上でも何かを決意する瞬間には、同じような心の動きのはずです。心は動くのです。意識の変化に応じて動くことを覚えておいてください。心が動く、躍るという感覚を味わってほしいと思っています。

個の意識と集団の意識

――人間は夜に眠りますね。意識は眠るでしょうか。

眠るのではないでしょうか。けれども、昼夜の区別がないように思います。

――意識は眠る必要はありません。関心があれば元気に動き、関心がなければ静かにしています。意識は関心があれば動こうとします。元気な意識はいつも動いています。それはあなたの世界でも同じではないでしょうか。関心が多くの分野にあれば、いつもその関心に魅かれて活動します。

では、活動して疲れたときはどうなりますか。

——地上の人間と同じように休みます。

疲れて病気になることはありますか。

——あります。意識もエネルギーを使いすぎれば動けなくなります。ただし、地球のように薬を飲んだり手術をすることはありません。

どのように治すのですか。

——基本は、自然に元気になるのを待ちます。必要なときは、仲間がエネルギーを送ります。

仲間とは何ですか。

——私たちはある集団をつくって生きています。

それはどのようにつくられていますか。

――同じ傾向の意識が組織をつくっています。

そこは、何かルールによって統一されていますか。例えば憲法や法律のようなものはありますか。

――ありません。私たちは自然に傾向の近い者同士が集まり、離合集散を繰り返しています。

どうしてそのような集団ができるのですか。

――宇宙は広い海のようなものです。私たちの意識は、常にその意識を遠くに放っています。ちょうど電波を送るようなものです。もしたった一人の意識だとすると、その放射する力は微細で、相手に伝わらないことがあるからです。

その集団の中に個々の意識があるのですか。

――そのとおりです。

その中にいる個々の意識と集団全体の意識は、どのような関係ですか。

――不可分一体の関係です。

私が今交信しているあなたは、個人の意識であるとともに集団を代表する意識ということですか。

――そのとおりです。

地球でも、皆様のように集団で意識を発していることがありますか。

――もちろんあります。大勢で祈ったり、決議したり、団結して行動するときなどに集団で意識を発しています。

皆様は個人に働きかけようとしているのですか。それとも集団にですか。

――基本的に個人です。

なぜですか。

――すべての意識は、一つひとつの意識によってできています。その個の意識と交信することによって、初めて私たちは交流できると確信するからです。

私たちと交信して得られる利益は何ですか。

――具体的利益はありません。しかし、一人でも多く交流することにより、個の意識のエネルギーを強くすることができます。

エネルギーをなぜ強くする必要があるのですか。

――私たちは宇宙の平穏をつかさどる意識です。人間が私たちと交信し、自らの存在に気がついたときに生まれてくる感情は、愛情です。
宇宙を貫く真理は愛情です。あなた方が自らの存在に気がつき、私たちの存在をお認めになったときに、心の持ち方が変わります。地球の環境を気づかうだけでなく、宇宙の創造主への感謝が生まれてきます。
今人間が関心のあることは、目の前に起こる物理的出来事です。その奥に働く意識の世界の大事さに気がつくことこそ私たちの願いなのです。

意識の成り立ち

――私たちの成り立ちについてお話ししましょう。

はい。皆様はいつから生きているのですか。

――あなたはどのくらい生きていると思いますか。

全くわかりません。地球での年齢はわかりますが、意識の年齢が何歳ぐらいなのかわかりません。

――意識の年齢は人によって違います。また年齢というのはもともと地上での概念ですから、便宜的に使っていることを理解してください。人々の多くは、自分が想像する以上に古い時代を経ている意識です。

皆様は私たちの成長過程を知っているのですか。

――もちろんです。

私は、皆様がどのくらい古い意識であるのか知りません。また地球上で暮らす人たちの意識の年齢が私にはわかりません。

――それでいいのです。ただ、古い時代を経ていることを覚えておいてください。

長い時代を経ることで、多くの経験を積んでいるということですね。

――そのとおりです。私とあなたは今このように会話をしています。会話は言葉の奥にある一定の意識の傾向を表しています。例えば楽しいという言葉の中にある意識の傾向をこちらに伝えることによって、私はあなたの楽しいという言葉を理解します。そして、その楽しいという言葉は、意識が発生した当初からあったのではなく、意識が動き始めてからできた言葉なのです。

つまり意識の存在が先にあり、その後に言葉が生まれたのですね。

――そのとおりです。

では、聖書にある「初めに言葉ありき」ではなく、「初めに意識ありき」ですね。

――そのとおりです。意識の存在がなくては、言葉は生まれてきません。

もう一つ教えてください。その意識というのは、最初から自分の存在が明確にわかったのですか。それとも存在を理解できなかったのですか。

――後者です。赤ん坊が自分のことを理解できないのと同じで、意識が宇宙に現れたとき、自らの存在も宇宙の摂理も理解できませんでした。

それでは、意識はどのような過程で成長してきたのですか。

――人間と同じように成長してきた意識ばかりではありません。宇宙ではさまざまな形態をとって、意識は成長し発展してきました。その進化の方法を説明するのは困難です。さまざまな発達の過程があったと思っていてください。

意識の変化

進化の法則についてお尋ねします。

――進化の法則の何をお聴きになりたいのですか。

人間の進化は、他の種と区別されますか。

――もっと具体的に尋ねてください。

人間は猿や犬と比べて、進化が違うのですか。

――人間の意識が猿や犬と比べて違うわけではありません。人間は進化の法則を体形や大きさで区別しますが、私たちが言っている進化は、意識の進化です。それは、人間の科学や生物の学問には登場しません。

それでは、皆様の言う意識の進化は、人間にはどのように表れているのですか。

――その質問はわかりやすいものです。意識の進化というのは、私たちの進化を測る基準の一つです。意識はさまざまな体験を通して成長していきます。その成長をここでは進化と呼んでいます。意識が進化すると、どのようなことが起こるかわかりますか。

社会が優しい気持ちで満たされる。

――そのとおりです。花や動物を愛する人が増えます。環境を守ることも盛んになります。心や体が傷ついた人が敬意をもって迎えられる社会となります。

なぜ現実の社会はそのように進んでいかないのですか。

――いいえ、着実に進んでいます。あなたの周囲にもその意識の変化が起こっています。

個々の人にとってその変化は、測り難くわからないようにみえます。

――人はこの地球で暮らしているときに、大きな視点で考えるのは難しいのです。

なぜ難しいのですか。

――物に囲まれた世界にいると、その物の中で人は自由に意識を行き来させなくなります。

なぜですか。

——あなたは小さいころ、よくチョコレートを食べましたね。そのとき、そのチョコレートの包み紙やチョコレートそのものは思い出せても、それを持ってきた人や周囲の人の笑顔を思い出せますか。

いいえ、全く覚えていません。

——それが地球の生活の最初に感じることなのです。成長するにつれて自由な意識を得る人も現れます。

どのようにして得られますか。

——自由な意識を得たいと願うことから始まります。

どのようなときに、人は自由な意識を持つのですか。

――もともと意識は自由なのです。いつでもどこにでも飛び回ることができるのです。しかし、人間の肉体の中に閉じ込められると、体の外には出ていかれないと思い込みます。でも何かの機会にもとの自由な意識を思い出すのです。

それはどのような機会ですか。

――人によってそのきっかけは異なります。多くの場合、人間が最大の危機を迎えたとき、例えば死別・離別・倒産・病気などです。

なぜそのようなときに自由な意識を思い出すのですか。

――自由になりたいと切実に望むからです。

なぜそのようなときにだけ自由を求めるのですか。

――人の意識はもともと何かのきっかけによって変化するようにできています。きっかけがなければ、安定してその状態を維持しようとするものです。

つまり、変化を好まない。

――そのとおりです。

なぜですか。

――変化は宇宙を貫く法則です。

では安定することは否定されるでしょうか。安定と変化はいつも表裏一体で、変化の前と後は安定している状態です。人間の意識は変化を求めてやみませんが、変化を求めているときは安定している状態です。

だからといって、安定し続けることは宇宙ではあり得ないのです。やがて変化していくのです。

わかりました。それでは、なぜ季節は移り変わるのか教えてください。

――季節の移り変わりは、物理的な現象と意識的な現象が総合されて現れています。例えば雪が解けて暖かくなり、花が咲き始めるとき、人の意識はどのように変化しますか。

花が咲くことを期待します。芽が伸び花が咲くのと同時に恋をしたい感情が湧いたり、積極的に活動したいと思います。

――それは何に由来していますか。

わかりません。

――動物も植物も、生きとし生けるものすべてが意識を持っています。その意識は絶えず変化しようとしています。変化は地球全体に及びます。

変化しようとする意識が地球を動かしているのですね。

――そうです。人間ばかりでなく、小さな微生物もとどまることなく変化していきます。

人間が地球で暮らす期間は、ほんの一瞬です。そのほんの一瞬の間にも、体も意識も変化していきます。

生まれてから年をとって死ぬまでの間ですね。

――その間、人間は地球で非常に多くの体験を積みます。それはあなた方にとって、とても貴重な経験となります。

変化してやまない意識であれば、どこにいても自然と変化していくのではありませんか。この地球に生まれなくても。

――まさに、そのとおりです。意識は宇宙の片隅にじっとしていても、少しずつ変化していくのです。

では、どうして地球が用意されて私たちはそこで生活しているのですか。

――あなた方がそれを望んだからです。

どういうことですか。

――あなた方人間が地球という星で生活していくことを願ったからです。

願わなかったら。

――地球に生まれることはありません。

つまり、地球にいる人は皆、地球での生活を望んだ意識だということですか。

――そのとおりです。さらにつけ加えれば、地球で生きることを望んだのは人間ばかりではありません。木も草も花も動物も、そこに生存したいという意思が働いていることをよく覚えておいてください。

よく理解できませんが、宇宙に存在するすべてのものに意思があるのですか。

――はい、そのとおりです。あなた方からみれば、全く意識がないと思われる石にしても、やはりその意思はあるのです。人間の考える意思とは異なりますが。

今のお話は初めて聴くのですが、宇宙はすべて何らかの意思の下《もと》につくられているのですね。

――そのとおりです。すべては大きな意思の下につくられています。

人間にはそれが理解できますか。

――あなたは今、私たちの話を聴いています。私たちの話は理解できませんか。

いえ、十分ではありませんが、理解しています。

――私たちの考えていることをあなたが同じように理解することは難しいことです。なぜなら私たちは体のない意識の集団であり、あなたは地球にいる人間の個人の意識だからです。しかし、私たちの意識を地球の人々に紹介しようという呼びかけにあなたが応えてくれたことを大切に考えています。

私たちは、あなたのような意識が多数現れることを望んでいます。あなたの周囲には次々と不思議な出来事が起こるでしょう。それはすべて私たちが望むことと理解してください。

私たちは人間が成長し発展するのを補い守っている意識です。地球ができる前から存在する意識です。人間が成長するのを静かに応援する者たちです。あなた方の意識が私たちと交流するうちに、少しずつ変化していくことを私たちは願っています。

声を聴くには

世界ではさまざまなことが起こっていますが、いったいどのように進んでいくのかがわかりません。

——人は、生活しているその場所をよく見つめますが、生活している人たち全体がどのような方向にいくのかを見通せる力を持っていません。

それはなぜですか。

――もともと意識は、どこにでも動ける自由を持っています。また、エネルギーを求めて遠く旅をする傾向があります。しかし、いったん地球に生まれ、肉体の中に閉じ込められると、意識はその中にいて安定しようとします。

あなた方は肉体を使ってもできないことは、通常人間にはできないことと考えます。肉眼で見えないものは見えないもの、耳で聞こえないものは聞こえないものと考えます。今あなたが聴いている声は心の中に響く声であって、耳で聞いているわけではありません。しかし、心を澄ませて意識を自由にすれば、目の前の出来事から離れて、遠く広がる世界を現実のものとして感じることができます。

それは誰でもできるものですか。

――もちろんです。誰もが自由な意識を持っているのですから。

では、どのようにしたら皆様の声を聴くことができますか。

――今あなたは私たちの声を聴いていますが、どのように聴いていますか。

私は皆様の声を聴きたいと思い、またいつでもどこでも聴くことができると思っています。そしてその聴いた声を多くの人に伝えたいと思っています。

――まさにその言葉こそが私たちの声を聴く鍵です。誰でも私たちの声を聴くことができます。いつでも私たちの声を聴くことができます。私たちは、いつでもどこでもいつまでもあなた方と共にいる意識ですから。

それでは、どのようなときに皆様は私たちと話ができるのですか。

――まず、心を澄ませてください。自分の心の中のさまざまな思いを整えて、私たちの方に心のアンテナを向けてください。心の向け方さえ覚えれば、いつでも私たちの声を聴くことができます。

その声は誰にも聴こえると言われましたが、テレビのように一斉に同じ内容が流されているのですか。

――いいえ、違います。今あなたと話をしているのはこちらの世界の私たちであり、また、あなたであるからです。

二人で電話をかけているようなもの、と考えればいいのですか。

――そうです。

では、その電話の内容は誰が決めているのですか。

――あなた方が地球で電話をかけているとき、その話の内容を決めるのは誰ですか。

話をしているお互いが決めています。どちらか一方ではありません。

――この会話もまた、同じなのです。あなたが私たちに問いかけ、私たちもまた、わからないことをあなたに聴いています。

なぜそれほど遠くを見ることのできる力がありながら、わからないことがあるのですか。

――人間は私たちよりも、よく近くを見ることができます。私たちは意識的存在ですから、地球上で起こっている出来事をはっきりととらえることはできません。おぼろげながらわかるということです。反対にあなた方は、私たちの話を聴いてもはっきりとこちらの世界を思い描くことができません。なぜなら、人間は私たちの住む世界に来ていないからです。

お互いにこのような交流をする意味は何ですか。

――意味ですか。もともと同じ意識同士であれば、話をするのは普通のことではありませんか。私たちは生きていて活動している。あなた方もまた、生きて活動している。お互いに場所こそ違え、連絡をとりあえば有用なことは無限にあるからです。

皆様と私のように会話をしたことは、地球の歴史の中でたくさんあったのですか。

――あなた方が気がつかないだけで、人間の歴史の最初から私たちはいつも人間と交流してきたのです。それは時に歴史の変革期に現れた人の中に、また新しい歴史のページが開かれるときに、私たちは必ず人間のそばにいたのです。

もう少し詳しく教えてください。

――私たちは、いつも人間の成長と共にある意識です。いつでもどこでもいつまでもと言いましたが、あなた方が成長を欲しているときには、いつもそばで応援している者たちです。

なぜ今、私と会話しているのですか。

――問いに対して問いで答える失礼を許してください。なぜあなたは私をお呼びになりましたか。

わかりません。真実を求めている、と言えばよいのでしょうか。

――人間の歴史は宇宙の歴史からみれば、まだ若い発展途上の意識でつくられています。どちらに行ったらよいのか迷うのは当然のことです。私たちは、求められればいつでも道の方向を指し示す者たちです。あなたは真剣に道のありかを尋ねています。

人間の多くは皆、迷っているのではないでしょうか。

――迷っているかどうかは、各人が考えることです。道の途上で止まっている者も後退する者もいるのです。しかし、時に道の先頭に立ってあかりをともす者もいます。

なぜあかりをともす必要があるのですか。

――あなたが歩いているとき、誰かが足元を照らしているのをご存じですか。それは太陽の光や月の光のときもあります。人生の先輩のときもあります。生きていくことは、さまざまなエネルギーを他から受け取っていくことです。あなたは、私たちのエネルギーを受け取り、他に伝えています。そのような場面は地球上のあらゆる所で広く行われています。

ボイスの伝えたいこと

——嵐のとき、あなたは何を考えますか。

まず寒さを感じ、雨が降っているので外出を控えようと考えます。

——そのときこそ、私たちの声に耳を傾けるよいときとお考えください。人間が過ごしている日は、快適で和やかな日が多いのです。そのときに、私たちの声は及ばないことが多いのです。

なぜでしょう。

——あなたはどのようなときに、私たちと交信したいと考えますか。

仕事を離れ、日常の雑事から離れたときです。

——多くの人が私たちのことを真剣に求めるのは、死が近づいたときです。

なぜですか。

――人間には、日常の生活をしているときに私たちの声を聴く余裕がありません。私たちの声はいつも人間のそばに流れているのですが、人間には耳があっても聴こえず、目があっても見えないのと同じ状態なのです。

ではなぜ死が近づくと皆様の声は聴こえるのですか。

――心のアンテナが少しずつ私たちの方に向くからです。生きていて元気なときには向くことのなかったアンテナが、少しずつ私たちの方に向いてくるのです。今まで聴くことのできなかった声がかすかに聴こえてくるのです。

それは誰にでもですか。

――いいえ。人それぞれに違います。求める人にははっきりと聴こえますし、求めない人には聴こえないのです。

聴こえる人と聴こえない人とでは、何が違ってきますか。

――正確に何が違ってくるのかをお伝えすることは難しいことです。しかし、私たちの声を聴いた人たちは、自分の今までの生き方を考え直すことでしょう。また、私たちの存在を感じることで安心するでしょう。そして、その中から、私たちの声を伝えようとする人たちが生まれてくるでしょう。そこには温かい愛情が流れていることを発見するでしょう。私たちがなぜこのようにあなた方にお伝えしようとしているのかを考えていただけるに違いありません。

私たちは、この声をぜひ、多くの人々のために役立ててほしいと願っています。私たちは、いつでもどこでもいつまでもあなた方と共にいます。

私たちは多くのエネルギーを傾け、意識の進化のために力を尽くしていきます。多くの事柄は一度に起き、スピードを増して変化を遂げていくものです。人間には、そのすべての情景を見渡すことができません。しかし、すべての意識に光が及び、変化と発達の機会が与えられています。そのことを詳しくお伝えできないのですが、その変化が及んでいることをお伝えしておきます。

私たちはその変化の一端を担う者たちです。そしてあなた方人間もまた、その変化の中にある人たちです。やがて意識の変化は、また次の文明に進んでいく基礎となっていきます。

個々の意識は、やがてまた一つに収まり、さらにまた個に変化することを繰り返して成長していきます。ちょうど花が咲き、実が落ち、芽を出し、花が咲くという周期に似ています。

私たちがお伝えしたいのは、生命は進化し発展するということです。人間の意識は永遠に進化し発展し続けます。その意識は常に愛情を基本としています。あなた方が互いに慈しみあい、励ましあって生きていく中で意識は磨かれ、成長していきます。地球の各地域で混乱があるとしても、地球全体では着実に成長し発展していきます。

私たちは、その保護者であり、後見役です。私たちは、その役目を務めるためにこのようにメッセージを送り続けています。いつも人々の心に届くように発信し続けています。

どうか私たちの声を聴く人たちが増えますようにと願っています。この本を読む人たちが増えれば、その言葉は心の片隅に残るでしょう。少しずつで結構です。読む人たち一人ひとりが私たちの声を理解していってください。

たった一人でも大事な大事な意識です。ひよこを親鳥が守るように、私たちはそばであなた方を見守る存在です。私たちは多くの人々に私たちの話す言葉が、伝わっていくことを願っています。

理解するのには時間がかかるとしても、あきらめないでください。このように話ができるまでに、計り知れないほどの大変なエネルギーを必要としています。たった一つの言葉でもよいのです。たった一言でいいのです。人間の意識は永遠に存在し発展していくことをご理解願います。

私たちはそれを伝えるためにここにいて、あなた方と共に生きているのです。私たちは、いつでもどこでもいつまでも存在し、人間と共にいる意識なのです。

今まで多くの機会をいただき、ありがとうございました。どのようなときに、人は皆様のことを理解するのでしょうか。

――いついかなるときもです。植物はいつ成長するのでしょうか。目に見えず、いついかなるときにも成長しているのです。

意識は体が眠っていても目を覚ましているのです。意識はいつも震えていて、私たちの声を待っているのです。私たちは、その震える意識に出会うことを願っています。

意識

個人と集団

集団の意識について教えてください。私たちは日頃、個人個人が違った意識を持っていると感じています。個人個人の意識はすべて異なるのですか。

――そのとおりです。それぞれ皆、ユニークで異なるものです。

では、それぞれの個人の意識と集団の意識はどのような関係ですか。

――例えて言えば、家の電気を全部つけると明るくなります。家はその一つひとつの電球によって明るくなっています。その電球の一つがあなた方の個の意識です。また、家全体の電球がつくことで、より明るくなります。集団の意識とは、まさにこの家全体の電球に似ています。

その一つひとつの電球は異なるのですね。

――そのとおりです。

一つひとつがユニークで異なりながら、総体としても存在する。

――それが個人と集団の関係です。あなたは人の集団のことをどのように話しますか。団体・組織・民衆・群衆などいろいろな言葉があります。その、集団と個人との関わりについてお話をしましょう。

人間は生まれたときにお母さんの腕に抱かれることが多いですね。生まれたときは一人ではなくお母さんのおなかから出てくるのですから、最初から一人で生まれてくるわけではありません。生まれてくるのは一人であっても、その命を産み出す者が必ずいるわけです。そこには必ず複数のエネルギーが存在して命が生まれてくることは理解できると思います。

まず最初に、命は単独では生まれてこないことを理解してください。これはすべての生命に関わることで、哺乳類から進化発達の遅れている生物のすべてにわたっている原則です。単独で授精（単為生殖）して進化を遂げているものもあると主張されるかもしれません。しかしよく眺めると、すべての種で複雑な交配が行われていることに気がつくでしょう。
次に、生命は必ず複数のエネルギーの交換によって生み出され、その生命が成長する段階で誕生時と同じように、常時エネルギーの交流が行われていることに気がついてほしいのです。
とても簡単なことを言っています。今、あなたがたとえ一人で生きているようにみえても、必ず他とのエネルギーの交換をして生きているということなのです。そんなことは知っている、働いていれば仕事の同僚と話をするし、学校に行けば友人たちと話をする、家庭に戻れば兄弟や父母と話をする。――そういったことではないのです。人間がいついかなるときでも、私たちと心で会話をしているということなのです。

なぜ、そのような力を人は持っているのですか。

――人々が望んでいるからです。「人は望めば神にも悪魔にもなれる」と言ったのはルネッサンスと呼ばれている時代にイタリアで活躍した（※）ピコ・デラ・ミランドラですね。ミランドラは何を望んでいたか知っていますか。

わかりません。

——当時、教会が絶対の権力者で、神はイコール教会でした。そのときにミランドラは、内心の自由こそ人間が持つ力だと確信したのです。その内心の自由の内容はおわかりですか。

わかりません。

——私たちと自由に話をすることのできる自由だったのです。ミランドラは牢獄《ろうごく》の中で私たちと話をしました。今ここで話をするようにです。彼は尋ねました。以下はそのときの会話の一部です。

ボイスとミランドラとの会話

今、私（ミランドラ）がこの牢の中で話をすると、お答えになるのは誰ですか。

——それは私です。

私と名乗る人を私は知りません。教会で崇《あが》め奉る方でしょうか。

——いいえ、違います。

それでは、あなたはいったい誰なのですか。

——それはあなたの心の中にいる私です。

（ミランドラは私の存在に驚いていました。彼の心の中に私がいて、その私は神につながっていることを話しました）

あなたは、いつの時代も存在しているのですか。

——いつでもどこでも存在しています。私たちはすべての人の心の中に存在しているのですから。

あなたは個人ですか。集団ですか。

――私は個人ですが、同時に集団としても存在しています。

私が個人であり、社会の一員であるのと同じですか。

――そのとおりです。

私はこの先どのようになるのですか。不安が襲ってきます。

――私たちは、あなたの世界の出来事を見通すことはできません。あなたの世界の出来事はそこにいる人たちが決めているのですから。
牢獄の中にいる人は、誰でも不安に襲われるものです。それは肉体を持って生きている人間であれば当然のことです。けれども、恐れることは何もありません。あなたはこれからも生きていて活動を続けることができるのですから、何も不安を持つ必要はありません。

私は、心の自由の話を群衆の前でしました。そして今、審問《しんもん》されようとしています。

――嘆くことも不安になることもありません。あなたは真実を話したのです。あなたの言葉に驚く人が多くいます。また、あなたの勇気を感じる者もいます。あなたの言葉は時代を超えて伝わっていきます。

なぜ私の話したことを教会は認めないのですか。

――あなたのように心の扉が開かれ、私たちの言葉を聴くことができれば、教会はあなたを釈放するでしょう。しかし、今あなたの言葉を理解する人は少ないのです。

なぜあなたの言葉を人は理解できないのですか。なぜあなたの言葉が人には聴こえないのですか。

――あなたは、いつ私の声を聴きましたか。あなたは、どのようにして私の声を聴くことができるようになりましたか。

私は野原にいるとき、あなたの声を聴きました。

――野原にいて何をしていましたか。

夕方でした。私は神のことを考えていました。私は友人が死んだり親しい者が破産したりと、災難が続くことを顧《かえり》みていました。私はその原因を神に尋ねていました。

――そのとき、あなたは神に何を求めましたか。

魂の平安です。

――誰の魂ですか。

死んだ友の魂です。

――なぜ祈ったのですか。

友の魂は迷っているように思ったからです。

――なぜそう思ったのですか。

はい。友人は不慮の死を遂げました。突然馬から落ちて亡くなりました。愛する人たちをのこしていましたから、さぞかし無念だったと思います。

――そのとき、神に対してどのように考えましたか。

私は神を信じていました。そして、そこに深い意思が働いていると思っていました。ただ、友の死を悼みながら神の深い意思を知りたいと願いました。

――願っているときに何か起こりましたか。

はい。友人が私の問いに答えたような気がしました。

――どのような話をしましたか。

友人はまず、自分が生きていることを述べました。遺児たちに自分の生きていることを伝えてほしいと言ってきました。

――その他には何を言っていましたか。

はい。私が教会の話をしました。教会は絶対で、神は教会の中にあるのかと尋ねました。

――するとどうなりましたか。

友人は私に教えてくれました。魂は永遠に存在し成長する。そして魂は望めば神のような崇高な意思を持つことも、また他人を支配し、悪魔のような意思を持つ自由も持っていると教えてくれました。私はそのことを周りの友人たちに話しました。

――あなたの話を聴いて、友人たちはどのように返事をしましたか。

多くの人は不思議なことだと感じてくれました。しかし、私の言葉を聞いてひどく怒る人もいました。

――なぜ怒ったのですか。

その人たちは、今まで信じていたものを私に傷つけられたと感じたのです。

――あなたはそのとき、どのように考えましたか。

私は少しずつ心の中の声を聴いて、その声を信じるようになっていきました。私の心の中の声は、あのキリストの言葉そのもののように思えたのです。

――あなたはそのことを誰かに伝えましたか。

はい。教皇の側近の人に話しました。

――その結果として牢につながれたのですね。

そのとおりです。

――あなたの言葉は人の心の奥底に残り、何世紀も人の心に伝わっていきます。あなたの言葉を理解する人が多くなる時代がやがて現れます。どうかあなたは時代の心をとらえるその時を待っていてください。

わかりました。

※ピコ・デラ・ミランドラ（伊1463-94）
ルネッサンス期の哲学者。ローマでキリスト教神学に関する九百の命題の弁護を提案。その一部が異端であるとされ、論議は禁止となる。自由意志に関する大作『人間の尊厳について』（1486）を執筆。
『岩波世界人名辞典』（岩波書店）より抜粋

成長する意思

なぜミランドラは若くして死ななくてはならなかったのですか。

——あなたは通りに沿って生えている木が枯れたとしたら、なぜ枯れたのかと考えたことがありますか。あるいは幼くして病気で亡くなった子供がいたとしたら、なぜ亡くなったのか、その理由を述べることができますか。人が亡くなる理由は私たちにはわからないものとお考えください。そこに深い意思が働いていることをご想像ください。私たちはこの世界をつかさどる深い意思を的確に説明することはできません。また人間の生活が将来どのようになるのかを正確に述べることはできません。

なぜですか。

——それらのことは、人々の自由な意思に委ねられているからです。これから何をするのか、どんな仕事をするのか、誰に会うのか、何を購入するのか、どのような生き方をするのか、すべてそれぞれの人の心が決めています。

それにもかかわらず、自分で決められないことも多くあります。例えば生老病死は自分で決めることはできません。

——確かにそのとおりです。しかし、全く自分の意思が関与していないかというと、そうではありません。人間の誕生から死まで、その意思が働かないことはありません。あなたは地球に誕生することを望んだからこそ、今地球に存在しているのです。また、体の衰えを心の衰えとして受け入れるから老いていくのです。

つまり、誕生を望んでいなければこの地球に生まれないということですか。

——そのとおりです。

また、病気を望んでいる意思があるから病気になるのですか。

——経験を通して強くなりたいと願うからこそ病気になるのです。

よく理解できません。病気や老いることを人は望んでいないと思いますが。

――なぜあなたは私と会話をしているのですか。

話をしたいからです。真実を聴きたいからです。

――それを人は好奇心と呼びます。知らないことを知りたいと思うのは意識の持つ特徴です。人の意識は常に成長を望んでいるのです。

生まれてから年をとり、病気になり、死ぬことも成長を望むことと関係があるのですか。

――まさにあなたの言うとおりです。肉体は地上にあって、いつか壊れていくものです。永遠に存在することはできません。その肉体に閉じこめられた意識は、常に成長することを望んでいます。老いて病気になり、死を迎えることは意識の成長する一大イベントだとお考えください。

なぜ、そのようなことを意識は望むのですか。死ぬことは悲しくつらいことと私は思うのですが、そうではないのですか。

――花がもし咲き続けたとしたらどうなりますか。木の芽が伸び続けたとしたらどうなりますか。地球では、変化があるからこそ成長があります。もし恒久的に変化がなかったら、地球もまた生まれなかったのです。

地球も生まれなかった。

――そうです。地球が誕生したのも、その根本には成長する意思が働いているからです。

もう少しその成長する意思について教えてください。誰がいったい何のために、その成長する意思を持っているのですか。

――宇宙に存在する生きとし生けるもののすべては、この成長する意思を持っています。

それはいつからですか。

——意識が存在した最初からです。

それはものを書いたり、人に話をしたりするほどの意識なのですか。

——いいえ。言葉になる前のもっと原始的なものから始まりました。

よくわからないのですが、その意識というのは、もともと人間が持っていたものではないのですか。

——もともと持っていたものです。そして、成長していったものです。

肉体の衰えと意識

体の機能が衰えてきたり、けがをしたりすることと意識の関係について教えてください。

——あなた方が見たり聞いたりするのは、意識の働きによります。肉体の機能が衰えたとしても意識は衰えていませんから、意識は成長し発展していきます。

肉体が衰えるとすべてが衰えていくように感じますが、違うのですか。

——肉体と意識はあくまで別個、独立したものです。肉体がどのように傷つこうと、意識に影響を及ぼすことはありません。ちょうどパソコンの機械本体が壊れても、ソフトウェアに影響がないことに似ています。

では、なぜ年をとって頭の働きが鈍ったりするのですか。そのような状態でも意識は正常に活動しているといえるのですか。

——そのとおりです。外観から見て肉体も意識も衰えたと感じられても、意識は衰えていないのです。今まで以上に成長し、発展し続けていることを忘れてはなりません。

なぜ私たちは、今あなたが話すように思えないのですか。肉体が衰えると意識も衰え、やがて消えてなくなるように思い込んでいます。

――人は事物の表面を見て、その存在に心を奪われているからです。

文明と意識のコミュニケーション

物事の表面を見るとは、どういうことですか。

――その奥にある意識の動きを感じ取る力が少なくなり、表面で判断してしまうことです。

なぜそうなったのですか。

――もともと人は、私たちの意識と自由に交流する力を持っていました。いつでもどこでもこのように会話することができました。

しかし、人類が物質による文明をつくり始めたとき、例えば家を造ったり土木技術を習得したりしていくうちに、人は私たちと交流する能力を失ってしまったのです。

それは、地球上のあらゆる所で起こったのですか。

――そのとおりです。文明の発達と意識のコミュニケーション能力の衰退とは相関しています。

そのことに人は気がつかなかったのですか。

――気がつく人たちもいたのです。気がついて周囲の人にシグナルを送った人もいたのです。しかし、物質文明が進み科学技術が進むにつれ、私たちと交流することは神秘的なものとされ、世の中から退くことを余儀なくされました。

書店では、哲学や精神世界の本は多く見受けられますが。

――確かに、少しずつ私たちの存在を認める動きも盛んになってきています。しかし、地球全体の人々が理解し、受け入れるまでにはまだ時間が必要です。

なぜ今、皆様はこのように会話をするのですか。

——それにはさまざまな答えが用意されます。まず、このような会話を伝えることが必要だということです。物質文明が進めば、一方で私たちの存在を認めにくくなることは予想されます。また一方で、私たちの声を聴きたいという意識も多く生まれてきます。その声に応える必要があるからです。

皆様は、その意識を伝えることによって何らかの利益があるのですか。

——利益という言葉をどのように理解するかによります。地球上で言う金銭的利益という意味ならば、全く利益はありません。しかし、宇宙の生成・発展にとって利益があるかと問われるならば、利益は無限にあるとお答えします。そして、私たちは、あなた方の意識が発展し、成長していくことを願う意識だということをお伝えいたします。

迷い

――迷いについてお話しします。人間は地球上で生活していく上でさまざまなことに直面し、どうしたらよいのか考え込むときがあるかと思います。二つの道が目の前で分かれていて、どちらに行ったらよいのかと選択する迷いもあれば、解決の方法すらわからない悩みもあると思います。

はい。そのとおりです。

――どう考えたらよいのか迷うとき、あなたはどのような態度をとられますか。

私は、迷ったときにはできる限り自分の心の直観に従うようにしています。

――その直観とは、どのようなものですか。

はい。何かの結論を下すときに、自分の心に尋ねてみます。自分の判断がどちらともつきかねるときに自分の心に問い合わせをすると、見事に解決してくれます。

――自分の心に問い合わせをするというのは、不思議な感じがしませんでしたか。

最初は自分の心は自分で操っていて、自分の心が適切な答えを出すとは思っていませんでした。しかし、あるときから何かの決定に対して、自分は積極的に関わっていないのではないか、と思うようになりました。的確に表現するのが難しいのですが、自分の心が迷うことに対して、何かが適切に答えを出してくれているという感じでした。

――それによって、何か解決策が生まれましたか。

はい。すべての問題が見事に解決されていきました。

――それはどういった感じですか。

何か自分とは違う力が働いているようでした。それは皆様が働いていたのですか。

――いいえ、違います。私たちはただ、あなたを見守っているにすぎません。私たちのなすべきことは、人々が安心して暮らすためのお手伝いです。

具体的には、どういうことですか。

――人はその生活の中でさまざまなことに出合います。私たちはその出合う機会をつかさどっています。

出合う機会をつかさどるとは、どういうことですか。

――はい。あなたが出合う出来事はすべて偶然に起こっていると思いますか。

わかりません。

――ではすべて必然で起こりますか。

それすらわかりません。

——ではあなたは、起こる出来事を全くコントロールできないと思いますか。

わかりません。

——今、あなた方の周りにはたくさんの花が咲いています。なぜ花が美しく咲いているのでしょうか。

わかりません。

——花は美しく咲きたいという意思を持っています。

美しく咲きたい意思ですか。

——はい、そのとおりです。花は美しく咲いて意識されたいと思っています。

誰に対してですか。

――誰という言葉は人間を対象としますが、花は人間を意識して咲いているわけではありません。

では、何を意識しているのですか。

――地球という場所を意識しています。もっと詳しく言えば、花は風や空気、日の光、虫や鳥を意識しています。もちろん人も意識の対象のうちの一つです。木は花を咲かせて実をつけ、やがて実が土に落ちて芽を出すというように生命を発展させていきます。その生命を成長・発展させるとき、周囲の環境を意識していくのです。

それは人間のような喜怒哀楽を持った意識ですか。

――いいえ、もっと穏やかなものです。

なぜ木は穏やかな意識でいられるのですか。

――植物がそのような意識を持つことを望んだからです。

それぞれの生物が成長するとき、その種は自由にその意思を持つことができるのですか。

――そのとおりです。人々が見て喜ぶ美しい花を咲かせることも、眺めていると不安になる色を持つことも植物に委ねられています。

では多くの花は、なぜ美しく人の心を和ませる色や形を持ったのですか。

――あなたはどのように考えますか。

姿形を美しくして、多くの人を和ませようとしたのでは。

――そのようなこともあったかもしれません。しかし、それ以上に、美しくあることは成長しやすかったのです。美しくなければ、花の種を鳥は運びません。美しくなければ、虫は花の蜜を採りに来ません。色が鮮やかなことで多くの自然の恩恵を受け取ります。そこであなたは何を感じ取りますか。

美しくあることが、生存し生き続ける条件である。

――そのとおりです。不思議と思われるかもしれませんが、この世を生き続ける生物の多くは、人間の美的な意識を満足させるものが多いことに気がつくはずです。

美とは力であるということですか。

――そのとおりです。地上の人間が美しいと感じるものの多くは、具体的に物理的な力を持つことを覚えておいてください。

美しいと感じる心は理解できますが、美しさというものの源は何ですか。

――意識の世界に調和することです。

調和すること。もっとよく教えてください。

──あなた方が感じる美しいという感情を私たちも同じように持っています。峻厳《しゅんげん》な風景、例えば雪が降り積もった山々を美しく感じることが多いと思います。また、花の咲き誇る自然の風景もまた美しいと感じるに違いありません。なぜ多くの人たちが花を愛するのでしょうか。なぜ多くの人が誕生したばかりの生物をかわいく思うのでしょうか。それは周囲の意識に同調しているからです。

その調和する源と私たちの意思とは、深く関係しているのですね。

──そのとおりです。この宇宙の意思と同調するとき、そこには輝きや喜びが生まれてきます。

それは人間が生まれる前からあるものですか。

──宇宙は成長する意思であり、人間はその意思と共にあるとお答えしましょう。

成長への信頼と不安

――成長することをあなたはどのように考えていますか。

子供が大人になることを「成長する」と私たちは言っています。

――では、年をとって老いることに「成長する」という言葉を使っていますか。宇宙の中で星々は成長しているのでしょうか。それとも衰退しているのでしょうか。

わかりません。私たちは文明が発生し、やがてなくなっていくときに文明は衰亡すると言っており、活力が失われるとともに成長が止まったという言葉を使います。

――では、成長と衰退とを区別する基準は何ですか。

例えば人間の体でいえば、体重の増加や身長が伸びていくことを成長と言っています。年をとって身長や体重が減っていくこと、行動が遅くなることを衰えると言っています。

――それは人間の体の面を基準とする成長ですね。あなた方の目で見る基準ですね。では、年をとると成長しないのですか。体の成長が止まるとともに人間は成長しなくなるのでしょうか。

多くの人たちは、体が衰えていくことで成長が止まったと考えます。人が死に絶えた古代文明の遺跡を見て、人間が成長していると考える人はいません。

――本当にそうなのでしょうか。私たちが何度も言っているのは、その中で遺跡が壊れようが、体が老いようが、意識は成長し続けるということです。人々は文明が衰亡すると、人間の意識もまた、なくなってしまったと考えてしまいます。

なくならないのですね。

――もしなくなるとすると、なぜあなた方の現在があるのでしょうか。花が咲き、実が落ち、やがて枯れると花の命はなくなるのですか。生命は保たれ、生き続けています。

それは種ということで、個々の人間のことではないのではありませんか。

――いいえ、私たちは個々の人間のことを言っています。あなたは死んでも、やはりあなたなのです。花が枯れても、やはり花の意識は残っているのです。多くの人間は物にとらわれていて、この簡単な真理がわかりません。単純なことです。意識は永遠に存在するのです。

すべての意識が永遠に存在するとなると、宇宙はその意識で充満してしまうのではありませんか。

――ご心配は無用です。あなたのそばに花がいっぱい咲いていていても息苦しくならないように、また、人が地球上であふれてこぼれてしまわないように、すべてに深い意思が働いていています。

今お聴きしているこの話は、その深い意思と関わりがあるのですね。

――そのとおりです。あなたの心の中にある意思と私たちは同調しているのです。

今私がいるこの地球も、やがて物質的に衰退していくと思います。

――そのとおりです。もうその兆しがあります。

そのときに私たちは何を基準に考えるべきですか。

――意識と、その成長への信頼です。言葉を換えて言うと、周囲への信頼です。

私たちには、その信頼が欠けていると言うのですね。

――いいえ。時々忘れそうになるのを感じるのです。人間は成長への信頼よりも成長への不安を選びとることがあります。多くの戦争の原因は成長への不安から引き起こされます。

成長への信頼と不安を見抜く基準がありますか。

——顔の表情に注目してください。成長への信頼にあふれた言動と、不安に満ちた言動の違いを感じ取ることができるでしょう。よくその違いを意識することです。また、植物でいえば美しいかどうかは成長の基準の一つです。美しい、明るく思いやりがある、言い古された言葉ですが大事な基準となります。極めて美しい風景の中で生命は成長していることを宇宙を観測している人たちは知っています。美しくあることは、成長にとって大事なことです。

人間の意識と地球の意識

少し理解が進みました。もう少し私たちの世界での事柄についてお聴きします。時に私たちの世界で災害や事故が続くことがあります。これは皆様の世界と何か関わりがあるのでしょうか。

——すべての出来事の原因に意識があるということは、ご理解いただけますか。

意識というと。

――地球の人間の意識、地球そのものの意識。それらを合わせて私たちは意識と呼んでいます。

私の意識は何にあたるのですか。

――地球の人間の意識です。

けれども皆、それぞれ違います。

――人を愛する点において同じではありませんか。太陽の光を大事にする点で同じではありませんか。子を養育する点において同じではありませんか。

それでも人は時に他人を殺したり、戦争をします。

――それも含めて、人間の意識です。

そこに何か危機があるのですか。

――成長しようとする意思が失われる兆しを私たちは感じ取っています。成長しようとする意思が発展してぶつかりあうのではなく、意識そのものが退行していく兆しを感じているのです。

私にはよく理解できません。

――少しずつお伝えしていきます。あなたの周囲を私たちの意識は自由に飛び回っているため、とても交信するのによい環境となっています。

多くの人たちと交流することと関係がありますか。

――あなたは意識の壁を開放したことで、私たちと自由に交信ができます。あなたのところに多くの情報が集まってきます。

私のなすべきことが増えているのですか。

——いいえ。すべて自由な意思に委ねられています。今あなたの周囲に多くの人々が行き交っていますね。

はい。今、私は有楽町の交差点のそばにいます。

——なぜそこに人が集まるか理解できますか。

交通の便がよく、ビルが多いからでしょうか。

——いいえ。そうではなく、その地域から情報が多く発信されているからです。つまり、人の意識から多くの情報が発せられるのです。情報が多く発信される場所に人も私たちも集まってきます。

何をすべきなのでしょう。

――あなたは自由に思うことが大事です。自由に考えることで私たちと交流します。

この地域で私は多くの人たちと出会います。多くの人たちが仕事をする上で情報を発信していて、その意欲の強さを感じます。それはこの地球を支える情熱と感じます。

――そのとおりです。人々の持つ情熱と、花が咲く、風が吹くといったものとがどこか共通していると感じることができますか。

感じ取るのは難しいです。咲いている花を見て、花の持つ意識を身近に感じることは難しいのです。花は「お金が欲しい」「新しい衣服が欲しい」とは言いません。

――けれども美しく咲きたいと願っています。人に振り返ってほしいと願っています。

風が吹いているときに風の意識を感じることはありません。風が「おなかがすいた」とは言いません。

――あなたはどうしても物を中心に考えているので、私の言っていることが伝わっていきません。

花や風は確かにあなたの言うように具体的な要求を言わないでしょう。しかし、風はただ単に好き勝手に吹いているわけではありません。風にも意識があるのです。

風に意識があるというのは初めて聴きました。風に意識があるというのはどういうことですか。

――よく考えてみてください。地球は生きています。人間に意識があるように、地球もまた生命体ですから、意識を持っています。その地球の意識の流れと風は同調しています。

つまり、風は地球の意識の表れだと言うのですか。

――風ばかりではありません。太陽の光や月の光、人間が自然現象と言っているものの多くは、地球の意識の活動と関係しています。

では、その意識を感じ取ることは私たちにとってどのような意味を持つのですか。

――まさに生きていくということにつながります。地球の意識と地球上の生物はいつも同調しています。潮の干満、風の動き、陽光の反射、音、すべてあなた方の周囲にあるものは地球の意識の反映です。あなた方が私たちと交流することは、これら地球の意識そのものと交流することでもあるのです。

人の意識と何か違いがあるのですか。

――基本的に違いはありません。人間のように細かに反応することはありませんが。

細かに反応するとは、どういうことですか。

――地球の環境そのものは競争したり反目したりといった感情を持ちません。もっと単純な意識で動いています。

成長したいという意識ですね。

——そのとおりです。

進化というのは形態ばかりではなく、心理的な面でも進化したのですか。

——質問が漠然としています。人間が進化することによって意識の内容が進化したかというと、ある面ではそのとおりですし、別の面では違うと答えるしかありません。

進化しない面があると言うのですか。

——進化という言葉には多面的な要素があります。生きていくのに適した形をとるという面では、人間は歩行し、機械を操り、言葉を習得するといったことで変化していきました。

一方、地球の意識や周囲の事物と交流するといった面では退行していきました。この面では進化しなかったといえます。この多面的な意識を持つ人間に対して、私たちは同調して話をしています。

もっと進化した意識の状態があると言うのですね。

——もちろん、そのような状態が予想されます。

私たちの意識が変化して、その先に理想的な状態というのがあるのですか。あるのでしたら教えてください。

——すべてのものは不断に変化していますから、理想的な状態があるということはありません。ただ、今よりも望ましい状態というのは考えられます。

望ましいというのは何を基準に望ましいと言うのですか。

——今、あなたとこのように交信しています。しかし、あなたのすぐそばにいる人と私たちは交信できません。私たちはより多くの人と交信できる方が望ましいと考えています。

交信できると人間には何のメリットがありますか。

——宇宙はすべてのものが変化して成長する場所です。もしその成長に与《あずか》るものがあるとすると、それこそ価値のあるものとされます。

皆様の話す価値とは、どのような意味で使っておられるのですか。

——価値とは成長する意欲です。人も動物も植物も、風も陽光も成長する意欲を持っています。

私たちは成長する意欲を持つと言われても、人間の他にはよく理解できません。

——やがてよくわかる時代が来るでしょう。人間は周囲の事物をよく見たり、耳をそばだて関心を持ち、その意思をよく聴きとることが必要です。今、その意思が理解できないとしたら、やがて誰でも理解できるときが来ると信じてください。

あなたのそばにある花や風は、やがてあなたの心にその意識を届けてくれるものと、まず信じてください。思うことがまず最初です。思えば私たちの言っていることのわずかでも、あなた方の心の隅に残っていくに違いありません。
昔、私たちとこのように交流した人たちがたくさんいます。どうか少しずつ思い出していただきたいと願っています。

宇宙の意思に調和する

願う意思が未来をつくる

――自由に物思いにふけっているとき、人々の考えはどういう状態になっているのかご存じですか。

わかりません。

――ちょうど遊園地で遊ぶ子供のように、考えが飛び交っているのがわかります。

そのときに皆様は一人ひとりの心の状態がよくわかるのですね。

——そうです。

私たちが読んでいる諸科学の本の中には真実も誤りもあると思いますが、皆様からみるとどのようにみえるのですか。皆様はさまざまな考えをどのように受け止めているのですか。

——考えることは自由です。また、物事は多面的に考えることができます。

皆様の存在を認める考えも認めない考えもあると思いますが。

——どのように考えることも人間の自由です。私たちはあなた方に対して一つの考えを強要することはありません。

歴史観、人生観、経済の考え方、科学の考え方の流れなど、たゆみなく人間の考えは変化していきます。その考え方の変遷《へんせん》と皆様は関わりあっているのですか。

——関わりはありません。私たちは人々から問われれば答えることはあっても、このような考えをしてほしいと言うことはありません。

何を基準にして皆様は私たちと交流しているのでしょう。

——私たちの言葉を聴くことができるかどうかだけがその基準です。ちょうど無線の受信機と発信機のようなものです。波長が合えば、その人の元に私たちの声は届きます。波長を合わせ、ダイヤルを回すのはあなた方自身です。

私たちの社会はどのように進んでいくのですか。

——私たちは、人間の社会がどのように進むのかを予言することはできません。社会の発達はあなた方自身の意思に委ねられており、その発展を決めるのはあなた方なのです。このような社会にしたいと願う意思が社会をつくる原動力です。

社会はもともと秩序立っているのですか、無秩序なのですか。それとも整理の終わったものが無秩序の混沌の中にあるのですか。

——収束と発散とは同時に起こっています。破壊と創造とが繰り返されています。

社会を見通して、百年先、千年先まで見通すことを人間はできないのでしょうか。

——一人ひとりの人間の生活を一つの単位と考えて、その十単位分、百単位分を見通すことは難しいものです。なぜなら未来は確定しているものではなく、そこにいる者によって不断につくられていくものだからです。

つまり、未来の姿を予言することは不可能だということですか。

——人間の将来持つであろう意思を予測することは可能です。しかし、そのとおりに未来の出来事が起こるかどうかは、私たちにはわかりません。

では、意識が永遠に存在するということは確実でも、将来の姿はわからずに発展していくということですか。

――宇宙にはさまざまな意識があり、地球上の意識の発達と似ているものもあります。

その姿を伝えることはできないのですか。

――私たちの使命ではありません。私たちは地球の人の意識の発達を促すことが仕事なのです。そのために人は物で囲まれた地球で、そこでの経験から得る知識が必要と考えているのです。

人間の課題

私たちが今、訓練すべき課題は何ですか。

――大きく分けて考えてみます。地球固有の課題として、環境や自然に対する配慮の不足があります。人間の住んでいる地球は、人間と同じように意識を持ち成長しています。しかし、地球の人の多くは、十分この環境に配慮して暮らしてはいないのです。

次に太陽系の一惑星としての地球を考えてみます。地球は宇宙の中で元気に活躍する星としてよく知られています。では、地球は他の惑星にとってどのような存在でしょうか。

もし他の惑星と協調して生きていくことができるのであれば歓迎されますが、他の星を破壊するのであれば、私たちは介在して宇宙の調和を勧めます。

宇宙の調和とは具体的にどういうことですか。

——太陽や月は全く孤立して存在しているのではなく、宇宙の意思に調和して存在しています。

宇宙の意思に調和するというのは、どのような内容ですか。

——宇宙のリズムはあらゆるところで刻まれています。人々は宇宙と同じリズムで生きています。そのリズムに合わせて成長することを指しています。

人はそのリズムから離れるときがあるのですか。

——人間は時として、生物が成長するリズムから離れてしまうことがあります。時に破壊にのみ精力を傾けることがあります。

なぜですか。

——私たちはその理由を述べるのに適していないかもしれません。わかっているのは、時として生物は混乱して衰退していくということです。

それもまた自由な意思のせいですか。

——人間は社会的な生物です。家族で生活をしています。国をつくり、言葉を操ります。自然科学の技術を使い、便利な機器を多く生み出しています。すべてはその生命が成長するのに便益があるようにみえます。しかし、一方で自然災害や政治的混乱によって大量の人間が死ぬことがあります。

意識は永遠に存在するのであれば、また生まれてくるのですから、間違えて死亡したとしても気にかけなくてもよいのではないのですか。

――そのように人間が自分の命を軽視することを私たちは心配しています。意識は永遠に存在するとしても、個々の命は永遠に成長する努力をし続けなくてはなりません。この永遠に努力する意思こそが大事であると覚悟している意識は、まだ少ないと考えています。

どのようにしたら永遠に努力する意思を身につけることができるのですか。

――さまざまな経験を通して、私たちが存在していることを感じてもらうことです。

助けを呼ぶ声

元気になる意識と元気にならない意識の違いについて教えてください。

――希望、目標があるかないかによります。

皆様の目標を教えてください。

――よいことをお尋ねになりました。すべての地球の人に意識の存在を感じ取ってもらうことです。そのための応援を私たちはしています。

地球上では意識の生成発展に力を尽くしている者たちがいます。その者たちは元気のない意識に力を与えたいと思っています。

――まさにそのとおりです。そのときにお役に立つヒントを伝えます。あなたは困ったときに誰の名前を呼びますか。

親や友人、そして偉人や賢人と呼ばれている人たちです。

――それと同じ内容を持つ他人の声を今度は聴くのです。他人が助けを呼ぶ声は、私たちの声と同じようにあなたの心に届くはずです。他人の発するその声が聴こえたならば、はっきりとあなたがその声に応えるのです。

どのように応えるのですか。

——あなたは私たちの声を聴くことができます。意識の存在を知っています。助けを呼ぶ声に応えて、その意識の存在を伝えるのです。

助けを呼ぶ声に応えて、意識は永遠に成長し、発展することを伝えるのですね。それは声に出さなくても伝わるのですか。

——そのとおりです。意識は伝わっていくのです。困った者は求めていますので、あなたの声を聴く者が出てきます。いつでもどこでもいつまでも、あなたはその声に応える存在であると伝えることです。

そのときに留意することは何ですか。

――愛情を持つことです。慈しみの心を持ってその声に応えることです。助けを求めている者は不安でいっぱいですから、まず不安を取り除くことが必要です。

どのように不安を取り除くのですか。

――あなたは幼いころ、父母に愛されて育ったはずです。転ばないよう、傷つかないよう、関心を持って育てられたはずです。ここでも全く同じです。助けを呼ぶ声の主は無防備です。そのままでは病気やケガを起こしやすいのです。あなたはその人たちを励まして、もともと持っている力を上手に引き出してあげることが必要です。

まるでスポーツチームのコーチのようですね。

――そうです。成長するための教師の役割です。あなた方には、近くにいるその声の主を探し出して励まし助け、そして自分の力で歩けるように支えてあげる役目が期待されています。それは昔からあなた方の先輩がやってきたことです。あなただけが行っているのではありません。あなたがその仕事に取り組むと、やがて助けを呼ぶ声を出している人が、またあなたと同じ役割を担うのです。

時間の感覚

――時間についてお話ししましょう。あなたは時間についてどのようにお考えになっているでしょうか。

私は朝七時頃に起きます。九時に仕事が始まり、いろいろな仕事を片づけます。十二時頃食事をとり、二十時頃まで働きます。遅いときは二十三時、二十四時のときもあります。

――そのように働いているあなたにとって、時はどのようなものでしょう。

夢中になって働いているときには、その過ぎてゆく時を感じる余裕がありません。

――では、あなたが過去の出来事や未来の出来事を考えるのはいつですか。

仕事から離れて音楽を聴いたりする瞬間です。

――時は、あなたにとっては質が違うことにお気づきですか。

質の違いとはどういうことですか。

――あなたの意識が外界に接触して活動します。その質に応じて、あなたは時の感覚が異なっていることに気がついていますか。

時間によって区切られて生きているような気がしていました。確かにその間の感覚はさまざまです。

――意識を中心にして考えてみてください。人間は、区切られた時間を現実的な物質を中心にして考える傾向があります。

あなたの意識は、一日の間に等質な活動をしているのではありません。元気な人に会って話をすれば、あなたもまた元気になるでしょう。単調な作業をして、もし飽きていたならば、その時間はあなたの意識にとって活動の少ない時間となります。あなたの意識の活動にとって、時間の多寡《たか》は無関係なことに気がつくはずです。

たくさんの時間を費やし、経験を多くすれば、意識も成長するのではありませんか。

――確かに経験を多くすれば、それによって意識も成長します。しかし、あなた方が毎日時間を消費するから成長があると思っているのでしたら、時間と意識の関係を誤って考えていることになります。

では、時間はどのようなものですか。

――時間は一つの層、一つの局面と考えてください。時間は単一的に前へ進むと考えないでください。

よくわからないのですが。

――あなた方は、現在を中心として過去と未来に分けて時間を考えています。

はい。

――しかし、時間は単一の直線をなしているわけではなく、過去や将来も時に同一の局面として現れます。

つまり、私たちは過去にも未来にも出合うことができるということですか。

――そのとおりです。

それは過去の史実を変えることができるということですか。

――人々の考えに沿って言えば、それはノーです。しかし、過去を絶対的な出来事と考えなければイエスなのです。

よくわかりかねます。つまり過去の出来事すら意識のつくり出したもので、相対的なものだということですか。

――それも少し違います。過去起きた出来事は、人間の記憶の中では固定されて一つの事実となります。しかし、過去に起こるということは、時間の軸を変えてとらえると、過去の事象すら不変のものではなくなるのです。

私には理解の及ばない世界です。過去が変わるということは、現在も未来も変わるということですか。

――そのとおりです。

もう少しわかりやすく説明してください。

――では、例えばあなたはいつこの地球に生まれましたか。

はい。一九五一年に生まれました。

――それは何を基準にした時ですか。

キリストが生まれた年です。

——キリストがもしいなかったとしたら。

別のことを基準にして、歴史が考えられたでしょう。

——では、一年の基準は何ですか。

地球が太陽の周囲を回る時間です。

——もし回らなかったとしたら。

物理法則に反します。

——すべて物理法則の中にしかいないと考えることは正しいことなのですか。

わかりません。

——少なくとも私たちとの交流は、あなたの話す物理法則の中にはありません。私たちは人間が説く分子の運動の中にはいないのです。しかし、それでも生きて活動しています。

地球の公転を基準に時間を考えるとしたならば、太陽系の時間の関係を超えたところにも生命がいることを人間は知らないということです。

もし、私たちの生命の長さを知ったならば、あなたは到底理解できないと言うでしょう。あなた方の生命の考え方をはるかに超えた生命も、宇宙には存在していることを知ることになるでしょう。

人間は、よく自分たちの心を見つめて考えます。あなた方の意識と私たちの意識が同調するからこそ、このように話ができます。

しかし、あなた方の意識の中に私たちが入ろうとすると、とても苦しくてたまらなくなるのです。あまりにも人間の意識と私たちの意識とが異なるからです。誰でも自分と同じ考えを持つ生命体に親近感を持つものです。しかし、私たちと人間とはある面で近いところがあるものの、はるかに異なる面を持っているのも事実です。

その一つにこの時間の感覚があります。私たちの言葉では、時間は固定していない、過去・現在・未来は一定していない、ということにすぎません。もしあなたが過去に生きようとすればそれも可能であり、将来に生きようとすると、それも可能であるといえます。

そのとき、事実が覆《くつがえ》されると考えるのは正しくありません。事実は単一ではないのですから。意識は一定でないように、意識の変化によってできた事実も一定ではないのです。

星の瞬《またた》きは不変ではありません。既に消滅した星が光を届けることがあるように、その消滅した星が復活して、また光を発することすらあるのです。星もまた生きているのですから。

私の理解を超えている話です。しかし、私たちの言う事実が固定しているのではないというのは、とてもユニークに感じます。人間の起こした愚かな行いを訂正する機会があるのではないのかと思います。

——まさにコンピューターのソフトを上書きするように、人々の感じた事実も変えることが可能なのです。

よくわからなくなったのですが、「事実は変えられない」と私たちはよく言ったりします。事実の重みは、新聞記事や裁判でもよく使われる言葉です。その事実とは何なのですか。

――あなた方の言う事実は、ある事象の一側面ではありますが、事象全部を映してはいないのです。ある一定の時期に、ある事象を一つの側面から観測したものが、あなた方の言う事実なのです。

何度も言いましたが、その人の意識はなくならず永遠に成長していきます。

あなた方は人が死ぬと肉体が滅び、その人の考えはすべて失われると考えがちです。

第二次世界大戦で多くの人が戦場で命を落としました。その意識は今も残っており、やはり成長しているのです。戦争は確かに人間の愚かな行為に違いありません。人間が人間を殺した事実はありました。しかし、亡くなられた方々の意識が成長していることを考えながら戦争を振り返ってみると、その事実は単に人が殺されたという事実だけでは片付けられないことに気がつきます。多くの観点から歴史的事象をとらえることが可能となります。

では、人間の意識を総合して考えたときに、事実とは何なのですか。

――事実とは、意識の変化がもたらす成長の過程と考えてみてください。事実はある一定の固定したものではなく、あらゆる方向から光のあたる変化する状態と考えてください。

つまり、皆様と話している今、これは事実だということですね。

——そのとおりです。あなた方は私たちと事実を共有しているのです。それは固定したものではありません。

なぜ事実は固定したものとはならないのですか。

——問いに問いで答えることをお許しください。なぜ事実を固定したものと考えるのですか。

私はこの地球に生まれました。これは事実ではないのですか。皆様にとっては事実とはいえないのですか。

——地球の人にとって事実であることが、すべての宇宙を貫く原則に合っているとは限りません。

よくわかりません。

――人間は、地球に生まれなくても意識はあるのです。つまり「発生した」「誕生した」というのは、あなた方の考える一つの側面です。私たちからみれば、意識の経験できる場所に移動したようにしかみえません。

わかりました。では歴史的事実、例えばキリストが死んだという事実は事実ではないのですか。

――キリストの肉体は滅んでも、意識は滅んでいないのですから、事実とは異なるともいえますし、事実と合っているともいえます。そのように人間の示す事実は、私たちからみれば不変の事実ではないことがわかります。

少し理解しました。ではその変化する状態こそが事実だとすると、その変化する状態を適切に把握する方法はありますか。

――五感を研ぎ澄ますことです。人間は往々にして目や耳で感じたこと、あるいは活字で示されたことを真実として信じる傾向があります。

しかし、人間が見たり感じたりすることの多くは、ある事象のほんの一断面でしかないことがあります。むしろ、事実の一断面しかとらえられないと知ることが必要です。

もともと地球上の人間には感じられない事象が多くあること、その事象を目や耳ではなく、あるいは過去の経験からではなく、全く違った観点から見直すと、私たちの言っていることやささやいていることが伝わってきます。ぜひ私たちの言葉を心で感じて受け取ってくださるよう願っています。

休息と記憶

――休息についてお話しします。あなたは毎日仕事をしていますね。仕事と休息についての話です。あなたは何時間ほど眠っていますか。

昨夜は会合があり、帰宅したのが十一時半。それからビデオでドラマを一時半まで見て、寝たのが二時。今日は四時半に起きて入浴してから、取引先の会社へ今訪問しようとしています。睡眠が約二時間半、少しウトウトしています。

――あなた方は、眠らないと肉体が機能しません。脳を休ませないと活動できません。それは人間が地上で活動するための限界です。もし眠る時間を少なくして活動すると、私たちと交流することが難しくなるでしょう。

どういうことですか。

――あなた方の意識が落ち着いた状態のとき、私たちとよく交信ができています。もしあなた方の出す波形が乱れていれば、私たちのところに的確に届くことができません。人間にとって、休息は欠くべからざるものです。

皆様は休まないのですか。

――私たちには時間の観念がないように、休むことも必要ありません。人間のように物に拘束されることも肉体の器官に頼ることもないからです。

では、自動車のエンジンのように壊れるまで動き続けているのですか。

——壊れることはありませんが。

いつも動き続けているということがよくわからないのですが。生物は成長・発展をしていく途中に、例えば熊が冬眠するように、あるいは木々が落葉して冬に備えるように、いったんその活動を休めて次の成長に備えることはないのですか。

——おっしゃることはよく理解できます。私たちもまた生きていますが、その成長・発展の形は一様ではありません。

人間からみれば、活動を止めて休息しているようにみえるときもあるでしょうし、活火山のように激しく動き回っているときもあります。

ただ、いつでも活動できるというにすぎません。意識は眠ることはありません。いつも起きているのです。

皆様は休息する必要がない生物、私たちは休息しないと生きていけない生物。そこで生まれる違いは何ですか。

――人間は、休息しているときに受け取った多くの情報を自然と消去していきます。あなた方の意識の中に入りきれない情報を休息することによって取捨選択しています。

その取捨選択が、皆様との交流に何か関係あるのですか。

――はい。あなたは今、私たちと交信して情報を交換しています。私たちの話す内容をしっかりと書き留め、記憶に残します。

そのとおりです。

――しかし、いったん眠ると人間の記憶の多くはリセットされ、私たちと交信した多くの記憶が失われていくのです。

それは何を意味しているのですか。

――休息しなければ失われない記憶が、休息することによって失われてしまうことを私たちは言っています。

私たちが交信しているこの情報の中には、きわめて類似した内容や重複した内容が含まれています。同じ内容をさまざまな違った表現で伝えています。

私たちはあなた方に伝えた内容が、次の日になると記憶の中から失われているのを知っています。そこで、失われてもなお記憶に残り、覚えていてもらえるようあらゆる努力を続けています。

もっと具体的に教えてください。

――私たちはあなた方に私たちの存在をさまざまな表現で伝えています。私たちは姿形はないものの、確かに存在してあなた方に話しかけているということを伝えています。

私たちがこのようにエネルギーを投じて話をすると、人々の関心は確かに私たちに向き、私たちの存在を認め、私たちのこの情報を受け取り、受け入れたように感じられるのです。

しかし、人間は眠りについてから一定の時を経ると、見事に私たちの存在も伝えた情報も記憶から失われてしまうのです。

なぜでしょう。

——きっとそのようにしないと、地球では生活できないのだと思いますが。

眠らないでほしいと言っているのですか。

——いいえ、違います。それぞれの環境のもとに生物は適応しなくてはなりません。休息は人間にとって必要です。ただ、休息を取ってもなお記憶の中に残す工夫をしていただきたいのです。

どういうことですか。

——人間の記憶の方法は私たちとは異なっています。古い記憶の一部は残り、新しい記憶が積み重なり、またその一部の情報が消去されるという方法をとっています。記憶の一番の基礎に私たちの存在が残っていれば、休息を取ろうと取るまいと、いつでも私たちと交信ができます。

どのようにしたら記憶の基礎に皆様の存在を残しておけるのですか。

――私たちにそれを可能にする方法はありません。あなた方でお考えになってください。

私はリラックスしたときに皆様とよく交流できます。

――リラックスすることは大事なことです。心が開放されているとき、私たちの情報が伝わりやすいと感じています。

心が目の前の物事にとらわれているときには、私たちの情報は伝わりにくい傾向があります。あなた方の心がリラックスしていて何かを楽しんでいるときに、私たちの情報を受け取っていただけると感じています。

それではリラックスする方法を伝える必要がありそうですね。

――人間は、大方の時間を何かを追いかけることに費やしています。

追いかけるとはどういうことですか。

――仕事や勉強、何か義務を果たすことです。

はい。何かの義務を負っているのが常です。

――時として、その義務を外してみてください。人はこの世に生まれ出たときには、生きること以外に義務はなかったのですから。働かなくてはならない、食べなくてはいけない、休まなくてはいけないということは、皆人間が自分で決めたことです。

食べなくてもよい、眠らなくてもよいと言うのですか。

――いいえ。地球の環境に適応しないでよいと言っているのではありません。適応することは大事ですが、時には人がつくり出した義務から外れて考えてみてください。

そうするとリラックスすると言うのですね。

――人々の心の中に私たちの存在を記憶してもらうためには、それぞれが今持っている考えから少し外れる必要があります。

こうしなくてはいけないという考えがいっぱいあると、私たちの出す情報を受け取れない可能性があるからです。

どのような状態にいてほしいと言うのですか。

――リラックスすると同時に、私たちの出す情報を必ず受け取れると想像してください。少し意識の方向を変えるだけで、私たちの出す情報を自在に受け取ることができるからです。

意識の方向を変えるとはどういうことですか。

――例えば誰かと対したときに、相手の一挙手一投足に注目するときがありますね。同じように、意識を向けて受信しようとすれば、あなたの意識は方向を変えていきます。注目すべき対象に心を傾けることです。

余暇

――余暇の話をしましょう。あなたはどのような楽しみを持っていますか。

私は今、自宅の居間で音楽を聴いています。休日に仕事や家族とも離れて、音楽を聴きながらこのように交信できるときは楽しいひとときです。

――楽しく話ができることは、私にとっても喜びです。今聴いている音楽はどんな内容ですか。

「虹と共に消えた恋」という歌で、愛する人を戦場へ送り出す悲しみを歌っています。

――悲しげな音楽が好きなのですね。

暗く悲しいことが好きなのではありませんが、メロディーが心を落ち着かせるのです。

――私たちは、心を落ち着かせるという表現に新鮮な感じを覚えます。もともと心は活動的なものです。それを抑制して喜びが得られる、という地球の人の感覚を不思議に思います。

なるほど。心をコントロールして喜びが得られると分析して考えたことがありません。

――おそらく、心を躍動させることによっても喜びは得られるし、心を落ち着かせて得られる喜びも人間は持っている、ということだと思います。

そう言われればそのとおりです。今、私は心を躍動させる喜びよりも、落ち着いてこのように話のできる瞬間に何よりも喜びを感じるのです。

――私たちとの会話を楽しんでいただいていることを感謝します。私たちはあなた方の理解を通して、私たちの存在を伝えたいと願っています。

私たちの存在があなた方の余暇のときに伝わることをよく理解しています。心が開放されなくては、私たちのメッセージは伝わりません。しかし、私たちは人間の心を開放する手段を持っていません。そこで、リラックスして私たちの心の叫びを聴いてくださるのを待っているのです。

皆様はいつも冷静で理性的な存在だと思っていました。心の叫びというような激しい表現を持っているのですね。

――私たちは理性的な存在です。常に私たちは意識を調節しています。しかし、人間と同じように激しい情念といったものを持っていることも覚えておいてください。

リラックスして皆様の心の叫びを聴くためには、普段私たちの生活をどのようにしたらよいのかをお尋ねします。皆様はリラックスするためにどのようにしているのですか。

――どのような生活を営むかは、それぞれの自由な選択によります。地球上でどのように過ごすかは、個人個人で違うでしょう。この声を聴くのは、いつでもどこでも可能です。では、どのように聴いたらよいのかとよく質問されます。一言で説明すると、意識の焦点を私たちの方に向けることです。

聴くためにはリラックスすることが大事です。それはあなた方より私たちの方が得意だと感じます。私たちがリラックスをするのに必要なことは、ただそうしようと思うだけです。人はリラックスする状況をつくり出して初めてリラックスします。私たちより少し複雑な作業を要します。

もっとリラックスして皆様の声をよく聴いてほしいということですね。

――そのとおりです。人は多くの人間との関わりのなかで生活しているので、緊張して生きています。それは習慣、規律、伝統という言葉の中に表れています。

また教育を受けているときや労働をしているときにはよく緊張しています。緊張している多くのときにこの声を聴く人は少ないのです。少しその緊張が解けたときに、人は私たちの声をよく聴きとります。

この声は皆様がリラックスしている状態で送られてきているのですか。

――そうです。私たちがあなた方にこの声をお届けしているときは、私たちはリラックスし、自由な状態でいます。自由でのびのびしていると声や態度も明るくなるのは、人も同じではありませんか。私たちはそのような状態であなた方にお話をしているのです。

私たちがこの声を聴くには、皆様と同調してリラックスすることが大事だと言うのですね。では、皆様が私たちに熱心に語るときは、どのような状態なのですか。

――落ち着いた状態で熱心に話す状態というのはわかりますか。とてもリラックスして自由に感じるとき、心の状態は落ち着いています。けれども、同時にある目標に向かって熱心になる状態、と言えばご理解いただけますか。

はい。冷静だけれども、心の奥は熱いという状態ですね。そのようなとき、皆様の声をよく聴くことができます。

――私たちがお願いしたいことは、そのような状態を得る一定の状況をつくってほしいということです。

それがあなた方の余暇というときなのであれば、余暇を大事にしましょうとお話ししています。

宇宙は調和し、成長する

皆様のつくる詩を教えてください。

――私たちは詩という形式で意識を表現していません。もしお望みならば、短いメッセージの中にその詩に近いものがあるのでお受け取りください。今、私たちが関心を持つ「宇宙への誘い」というメッセージです。

宇宙への誘い

私たちが浮遊している空間にいらっしゃい
私たちのいる空間には　輝きと暗さがあり

私たちのいる空間には　瞬きと衝撃がある
私たちのいる空間は　光と空間と闇
そして皆様の出す　かすかな響きがある

私たちの世界へようこそ
私たちの友達となる人々は
やがて　この空間の中で新しいスペースを占めていく
私たちはいつまでも待っていて
皆様の成長と変化を見守っている

ありがとうございます。皆様は私たちの保護者なのですね。

――その言葉が適切かどうかわかりませんが、保護する任務があります。

私たちは皆様からどのように考えられているのですか。

――意味がよくわかりません。生物は等しく成長する権利を持っています。人間もそのような存在です。

特別に保護されている生物があるのですか。

――いいえ、ありません。すべての生物は平等に生きていく権利があります。

しかし、絶滅してしまう生物種もあります。

――成長の過程を終えたのです。学校を卒業したのだとお考えください。

生物の成長の過程はどのようになっているのでしょうか。何か具体的に方向性があるのですか。

――宇宙は限りなく成長しています。無限に成長し、無限に広がっています。そこには一定の法則が貫かれています。それは絶対であり、どの種にも公平に及んでいます。

私たちにその法則は理解できないのですか。

――現在の科学の水準では、すべてを理解することは難しいものです。私たちが理解していることも、その法則の一部にすぎません。

その法則とはどのようなものですか。

――宇宙全体はすべて調和して、成長発展しています。欠けることのない調和を目指して発展しています。
宇宙の星と星とはそれぞれがお互いに必要とされながら存在しています。その一つでも不要ということはありません。
それは大きな宇宙全体から人間の細胞の一つに至るまで、つまり極大から極小に至るまで、見事に調和していることに気がつくはずです。

皆様はそのような宇宙について、その環境に対して、どのような感情を持っているのですか。

――私たちはこの環境に存在していることを地球の人々と同じように感謝しています。

存在しているといっても、浮いているような状態なのでしょう。そこに存在していることに何か恩恵があるのですか。

――宇宙にはさまざまな環境が準備されています。私たちがいるのは、私たちの生存に適した環境です。それは、私たちが今生きていくのに大変重要なことです。

なぜ体のない意識だけの存在なのに、環境が大切なのですか。

――地球の人には想像できないことだと思います。人間はよくお風呂に入りますね。体を清めたり、リラックスするために。それと同じで、私たちにとってリラックスできる環境が、今私たちのいる場所です。

その場所で皆様は生活しているのですね。

――そのとおりです。

皆様もまた、私たちと同じように宇宙にいる他の生命と交信しているのですか。

――そのとおりです。

宇宙には、いったいどのくらいの生命が住んでいるのですか。

――私たちはまだ、その生物をすべて確認しているわけではありません。私たちもまた発展途上なのですから。

皆様は成長するために人間のように子供ができるわけではないようですが、種の成長・発展はどのように行われているのですか。

――意識の成長そのものが私たちの種の発展につながっています。成長を望む種と交信して、エネルギーを交換することも私たちの成長の一つの機会です。

私たちは地球で生まれ、心身が成長して子供から大人となり、やがて子供を育て、年をとっていきます。そのような成長の仕方を皆様はとっていないのですね。

――私たちは、人間と同じように肉体を持っていたことがあります。ですから、人間の先輩です。しかし、宇宙のすべての生物が必ずしも人間と同じように成長しているのではありません。

皆様は誰かを好きになったり、夢中になることはないのですか。

――何かの意識と同調することがあります。しかし、それは好きになることとは違うように思えます。人が持っている感情の傾向と私たちとはかなり違っていると思います。私たちは雌雄の区別はありません。生殖活動がありません。地球上の恋愛という言葉は知っていますが、私たちに同様の感情はありません。

皆様には喜怒哀楽といった感情はないのですか。

――私たちは非常に喜ぶことがあります。それよりも低いレベルでの喜びもあります。

何かがうまくいかないときの感情があります。それが悲しいという感情かどうかはわかりません。
人の感情と同じ質の感情が私たちにあるのかよくわからないといったところです。

皆様は何かを祝うということはないのですか。

——ありません。何かの記憶すべき出来事という意味であればわかりますが。

飲食をしないということは、食料は不要なのですね。

——そのとおりです。

何が皆様の一番の喜びですか。皆様の生活に芸術はあるのですか。

——私たちの喜びは意識が同調することです。意識が同調するにはさまざまな要因があり、なかなか難しいものです。私たちは意識が同調することを目標としている者たちです。

芸術は存在しないのですか。

――私たちは、意識の中に人が楽しむであろう絵や彫刻を創ることができます。また意識の中でメロディーを楽しむことができます。

そこに芸術は存在しているといえばいえるのだと思います。しかし、絵そのものや楽譜を写した紙は存在していません。

よくわかりました。そのような楽しみを皆様はどのように感じているのですか。

――私たちは人間とはるかに異なる生活をしているので、それを細かく説明するのが難しいことがあります。

人間が楽しむことと同じ方式で楽しむ者も存在しています。そしてそれを個々が楽しんでいるといえます。

私たちと皆様とはその存在においても、また感情においてもかなり違っているようですが、私たちと交信することで皆様は何が得られるのですか。私たちに対して一方的に教えることばかりではないのですか。

――心配しないでください。私たちとあなた方では確かに生活の仕方は異なります。また何より、肉体を持たない私たちと意識が物質の中に閉じ込められている人間とは、思考の形式が異なります。

けれども、私たちもまた人間と同じように昔は肉体のよろいを身につけ、発達の仕方も人間と類似した時代を持っているのです。

私たちはあなた方に伝える情報があるからこそ、私たちもまた存在する価値があります。

皆様が進化した生物であればあるほど私たちの考えはすべてお見通しであり、私たちの意識など取るに足りないもののように思えるのですが。そのように考えるのは誤っていますか。

――進化の観点からだけみれば、私たちは人間より少し先に進んでいるといえます。やがて、私たちの通った道と似た道をたどるだろうことが推測されます。

しかし、人間は私たちとは異なり、自由な意思を持ってその進路を決めていくのですから、独自の発達をしていくことになるでしょう。

皆様が、いようがいまいが、私たちは進化するのですか。

――そのとおりです。

では、皆様が私たちを見守っているのは宇宙の原則からですか。それとも皆様の固有の意思のなせる業ですか。

――両方です。

つまり宇宙の意思でもあり、皆様固有の意思でもあると。

――そのとおりです。

なぜ私たちの星、つまり地球の人間を保護しようとしているのですか。

――私たちはそのような役目を担おうと決意したからです。

なぜそのような決意をしたのですか。

――人間には私たちのことがよく理解できないのは当然です。

宇宙は永遠に成長していく空間です。その宇宙に存在するすべての生物は、あらゆる所でその生活が保護されています。

私たちの存在もまた他の生命体から保護されています。人類は決して宇宙の中で独立して存在しているのではありません。

私たちは人間が地球上に発生する以前から実はこの宇宙に存在しており、宇宙の他の生命体から保護されて成長し発展してきたのです。

それはユートピアを夢見て話す、空想の物語ではないのですか。

――日本国憲法の前文によい言葉がありますね。

「日本国民は、恒久の平和を念願し、人間相互の関係を支配する崇高な理想を深く自覚する…」

人間相互の関係を支配する崇高な理想こそ宇宙の真理と同質のものです。

なぜ皆様は地球の生活によく通じているのですか。私たちは皆様の生活をよく知りません。

——私たちは地球の人間ではありません。しかし、地球の人間と同じ経験をすでに積んだ者たちです。

私にはなお不思議なのですが、私たちが死んだ後、意識として残るものが皆様ですか。

——違うとお答えします。しかし、全く違うともいえない面もあります。あなた方には理解しにくいと思います。発達はさまざまな形をとるとだけお答えします。

では、何が私たちにとって必要なことと皆様は感じているのですか。

——意識の重要性です。

私たちは心が大事だとか大切にしなくては、とよく言っています。

――そのような面だけではないのです。人間が意識体であることをよく理解していないと感じています。

なぜですか。物心両面の調和こそ人間の世界ではないのですか。

――物質中心に傾いていると感じています。もし意識中心の世界ならば、このように私たちは熱心に交信したりしません。地球の人々と私たちは今、自由に交信できる状態ではないのです。むしろ私たちからみると、交信できる機会が少なくなっていると考えています。

どのようにしたいと望んでいますか。

――私たちはこのように交信している内容をできる限り多くの地球の人々に伝えてほしいと願っています。

なぜなら、私たちとの交信が異常なことではなく、日常的で、あたり前の出来事となれば、より一層あなた方からの理解が得られ、私たちの言動を自由に伝えることができると考えるからです。

自由に交信できることは、皆様にとってどのような変化をもたらしますか。

――よいことをお尋ねになりました。私たちは集団で生活しています。その集団の意識の中に他の生物の育成といったことがあります。ちょうどあなた方の世界の憲法や条約のようなものです。

私たちは他の生物と協調して調和しながら発展していくことによって生活しています。他の星の住民の意識が成長することにより私たちは反応し、また成長の礎《いしずえ》を築くことができるようになります。

皆様は私たちの意識が成長することによって、成長していくことができるのですね。相互に影響しあっているのですね。

――そのとおりです。宇宙は万物が一体となって成長し続けています。

宇宙の一つの成長は、他の成長の一部を成しています。一つの生存は他の生存の一部となっていることは、生物学を勉強すればよく理解できるはずです。

私たちが学ぶべきことは、皆様とのコミュニケーションの他にも何かありますか。

――地球人同士のよい交流です。地球の人間は、多くの種、国、地域に分かれて成長しています。

本来類似の種であるならば、より緊密な関係で連絡を取りあい、互いに成長を補完しあうのが望ましいと私たちは考えています。

しかし現実には、人は地域、言語、習慣など細かく分かれて生活し、時に反目しあうことがあります。成長することにおいて有用でない活動すらします。

戦争のことですか。

――環境の破壊や物質万能の考え方をとることです。

なぜそのような考え方から抜け切れないのでしょうか。

――何度も伝えていますが、物質を中心とする考え方から離れることです。「万物はすべて意識によって成り立っている」ということを一人ひとりが自分の頭で考え納得することが必要です。

すべての物質の裏に意識の原理が働いていることをそれぞれの人が自分の力で発見することです。私たちはそれを手助けするために存在しています。

私のする仕事で必要なことは何ですか。

――情熱と奉仕の決意を持つことです。

いつでもどこでもいつまでも、人間の精神の成長のために働くという決意さえあれば私たちは歓迎し、あなた方に心を開いて交信する用意があります。

私に特別な力はないのですか。

――今のままで十分です。特別な力があっても何もなりません。普段の生活の中で、普通の意識の中に宇宙の意識と交信できることを伝えること、これが私たちの今行っていることです。

誰にでもできることです。そして、誰もが自分の役目に気がつくことができます。これが私たちからのメッセージです。簡単なことに気がついてほしいのです。人は心を澄ませば、誰でも私たちの声が聴こえます。ちょっと心を平静にすれば、私たちの考えを他の人々に伝えることができます。人がちょっと決意しさえすれば、私たちと同じように意識が永遠に存在することを確認できます。ただそれだけのことです。


何かを要求していますか。


――全く何も要求していません。気がつくか気がつかないかは、あなた方の自由な意思に任せられています。

人は私たちの存在を確認できると、自然に私たちと同じ行動をとるようになります。すなわち意識が存在すること、意識は永遠に存在することを他人に伝えようとし始めます。どうか私たちのその伝達しようとする精神と使命を覚えておいてください。

他に何かお聴きになりたいことはありますか。

死んだ人間の意識は今どこにいて、何をしているのですか。

——難しい部分を含んでいる質問です。なぜなら意識は確かに存在していますが、いる場所は一定ではありません。また、固有の意識の発達の度合いもさまざまだからです。

地球の人はどこかで一緒にいるのですか。

——それも一様ではありません。それぞれの発達の程度に応じているのです。

私たちが想像できるのは、どのあたりまでですか。

——人がぼんやりと死んだ者の意識を感じるとしたら、まだ地球の人間に近い状態のときです。しかし、少しずつ地球の意識が薄れると、私たちに近い存在となっていくのです。

心の平静さ

――心の平静さについてお話ししましょう。人間はいつも多くの情報に取り囲まれて生活しています。その情報は人の心を落ち着けて豊かにするものもあれば、心を乱すものもあります。

あなた方自身は情報を受ける前と何も変わっていないのに、心の中は変化していきます。病気になったという宣告を医師に下されれば、多くの人は心を乱されてしまうものです。

なぜそのように変化するのでしょうか。

――新しい情報を受け取ったときに、それによって周囲の環境や自分自身が変化しないとは思えないからです。病気だと言われれば、治るかどうか不安になります。重い病気であれば、やがて死ぬのではないかと気になるものです。

人はいつも目の前に来る情報に振り回されています。それは地球で人間が生きていくための条件のようなものです。

生きていく条件というのはどのような意味ですか。

――集団で暮らすことの多い人間には、その習慣に従った情報を受け取るとき、それに反応しないと生きていけないことが多かったのが理由と考えられます。

雨が続けば、それを避けるために家の中で過ごす生活をしていたとしたら、雨が降ってきたとき外出する人は少なくなります。風が吹いてきたら寒くならないように衣服を調節するのは、生きていく条件です。医師から病気と宣告されれば、その情報を無視できないのは当然です。

けれども、私たちはお伝えしたいのです。医師から病気と宣告されようが、社会から生存をするのに不利益な判断を下されようが、あるいは明日、地震や大災害が起ころうが、あなた方の生存は全く害されないのです。

心の平静とは、いついかなる場合でも人間が存在し成長していくことへの信頼です。私たちはあなた方が得るであろうさまざまな情報の奥にいて、決して生活を便利にするような情報を流すことはありません。

ただ、いつもあなた方のそばにいます。人は心を静めて和やかに考えるとき、私たちの声を聴くことができるにすぎません。

なぜ心を静めなければ皆様の声を聴くことができないのですか。

――とてもよい質問です。人は誰でもいつでも、私たちの声を聴くことができるはずです。なぜなら、私たちは誰にでも聴くことができるようにお話ししているのですから。
けれども私たちの声はとても小さな声なのです。電話の声やあなた方の世界の電波のように強い力を持ってはいないのです。
心を静めて一心に波長を合わせないと聴こえないほど微弱な声なのです。それでも私たちは、精いっぱい力の限りを尽くしてこの声を出し続けているのです。

その声を出し続けている意味は何なのですか。

――私たちは生きていて、その生きている理由こそ意識の存在を伝えることだからです。人は時として、広い愛情や神への思いに永遠を思うことがあります。私たちは時を超えて空間を超えて、あなた方の元に私たちの思いを伝えています。

皆様が伝える内容のエッセンスは何ですか。

――愛情です。すべての宇宙の生物は互いに成長することを約束されています。私たちはその成長を助ける者たちです。

地球の多くの人たちは、地球でのさまざまな経験を通して宇宙を貫く意思が働いていることを学んでいきます。私たちはそのお手伝いをしているにすぎません。

人間は少しずつ成長しているのです。私たちが、いようがいまいが成長していきます。けれども、時にはその成長を助ける者が必要となります。それが私たちです。

人間の目には決して映ることはありません。人間の耳にも私たちの声は聴こえません。わずかに五感の鋭い人が私たちの存在の気配を感じ取るにすぎません。

私たちは、私たちの存在を感じる人と精いっぱい交信し、この会話のように考えていることをお伝えします。私たちは人間に対し限りなく愛情を持っているので、お伝えしたい話も際限なく持っています。少しずつ、私たちはあなた方の理解に応じて話をしようと思っています。今まで私たちの話はなかなか受け入れられなかったのです。少数の人に話した内容は特別の経験として賢者の独り言のように扱われてきました。

しかし今、私たちの言葉は人々の心の中に広く伝わるものと考えています。なぜなら、多くの人々が私たちの話を聴いているのを感じるからです。人間の歴史の中で、これほど多くの人々が私たちの声を聴いた時代はないのです。わずかに限られた人だけが私たちの声を聴き、それは奇跡と称されたのです。けれども、このような会話をあなた方に公開したときに、その内容のままに受け取る人も実に多くなってきているのです。

それはどのようにわかるのですか。

――私たちは人間ではありませんから、人間のように人の意識を感じるのではありません。しかし、地球に住む多くの人々の持っている意識を感じることができます。

それは私たちにない能力ですか。

――いいえ、あなた方の中にも集団の意識を感じ取る人がいます。その人と同じものです。

集団の意識を感じる人は、皆様と交信していないのですか。

――残念ながら交信していません。

なぜ皆様は地球のことが手に取るようにわかるのに、私たちは皆様のことがよくわからないのですか。

――発達の違いと言ってしまえば、それに尽きるでしょう。それは何よりも私たちの方が人間に関心があるからといえます。

皆様は私たちに関心があるのに、私たちは皆様に関心がない。なぜですか。

――私たちはあなた方の存在を感じるのに、あなた方は私たちの存在を感じられないからです。

なぜそのように一方的な関係なのですか。海の水は蒸発し大気の中に入り、雨となって地上に降り、やがて川を流れ、また海に入ります。地球の中ではあらゆるものが循環しているのに、皆様と私たちとの関係は循環していないのですか。

――宇宙全体を眺めれば、地球の人間の意識と私たちの意識も交流して、お互いに影響しあっていくものです。ただ、現在、地球の人の多くは私たちの存在に気がつかず、私たちと交信する人間がほとんどいない、ということにすぎません。

なぜ交信が難しいのですか。

――目の前の情報から離れ、どうぞ私たちのかすかな声に耳を傾けてほしいのです。私たちの存在を信じた途端、私たちの声はあなた方の心に響くはずですから。

何か心に響くタイミングがありますか。

――人が深く傷ついたり、心の底を必死で見つめたりする瞬間に私たちの声は響いてきます。一度私たちの声をお聴きになると、それ以後は、いつもはっきりと聴くことができるはずです。
特別の体験や特別の訓練は必要ありません。いつでもどこでも、普段の生活をしながら私たちの声をこのように聴くことができます。

皆様の声を聴きたいと願ったなら、どのようにすればよく聴こえますか。

――私たちは人間ではないので、どのようなときによく聴こえるのか、はっきりとはわかりません。しかし、コミュニケーションの最初は、激しく私たちを求めることから始まります。

激しく求めるとは。

――見えない私たちの存在を見たいと思う。聴こえない私たちの声を聴きたいと願う。その思いが切実で具体的であればあるほど、私たちの声はその人に届くものと考えています。

なぜそのように考えるのですか。

――私たちと交信する多くの人たちは人生に絶望したり、救いを求めた人たちだったからです。私たちは私たちのところに届く声を拾って、その声の主と話し始めるのです。

私たちのところに届く声は、きわめて具体的で率直なものです。多くは他人を救ってほしいと願う切実な声なのです。死刑囚でありながら未来の平和を願う青年や、子供を残したまま命のなくなることを覚悟する女性であったりします。自分の命のことはさておいて、他人の命や世界の平和を願う人の多くは、私たちの声を聴いています。戦争で死んだ人の中にも私たちの声を聴いた人がいます。

皆様の声を聴いた結果、その聴いた人はどのように考えるのですか。

――喜びます。求めていたものに会えたと喜びます。そして私たちに対して、残していった人たちにこの喜びを伝えてほしいと願います。

その喜びの声や会話を教えてほしいのですが。

――わかりました。ではご紹介しましょう。戦争で死んだ人の話です。戦争で傷ついて、戦場で一人倒れていた青年の話です。

彼はけがをして目が見えなくなっていました。仲間は既にそばにはいませんでした。そばにいるのは死んだ敵の兵士ばかりでした。夜でした。彼はただ一人だけだと感じました。

体の傷は痛むものの、考えることはできました。やがて死ぬことはわかっていました。戦いの無意味なこともわかっていました。それまでは決して戦いで死ぬとは思っていませんでした。けれども今戦場に一人いて、明日にはこの世を去ることがわかっていました。友人も家族もそばにいませんでした。

彼は心の中で祈りました。どうか最後の頼みを聴いてほしいと願いました。遠く離れた家族に感謝していることを伝えたいと願いました。しかし、彼の目は見えないし、体を動かすこともできませんでした。彼は友人の名前を呼びました。しかし、友人の姿は彼の意識の中に現れませんでした。彼は母親の名前を呼びました。母親も彼の意識の中に登場しなかったのです。彼はがっかりしました。死ぬ間際に誰とも出会うことなく死ななくてはいけないのかと、寂しくなって泣きだしました。

私たちは彼が呼ぶのを聴きました。彼は神の名を呼びました。神に助けを求めたのです。私たちは彼の声に応えました。彼のそばにいること、彼は死ぬのではないこと、意識は永遠に成長することを伝えました。青年は喜んで私たちと話をしました。

青年の肉体は機能を止めました。そして、青年の意識は地球を離れていきました。


死んだのですね。

――そうです。

皆様は神なのですか。

――いいえ、違います。私たちは人間をつくったりする者ではありません。

でも時に神とまちがえられる。

――そうですね。

その青年は、今どこかで生きているのですね。

――そのとおりです。

光の話

――光の話をしましょう。人間は光を目の一部で感じています。光と私たちとは密接な関わりがあるという話です。

皆様は光を感じるのですか。

――感じ方は人間とは異なりますが、もちろん光を感じています。宇宙は光と暗闇で成り立っています。私たちは光と共にあります。

光と共にあるというのはどういうことですか。

――あなた方のところを訪れるとき、また、話をするときに光を介在しています。

光は何なのですか。

――光が何なのかを説明するのは、科学者に委ねることにしましょう。光の性質はよくご存じですね。まっすぐに進むし、物に当たって反射したりします。その性質と、私たちがあなた方を訪ねるときのやり方はよく似ています。私たちはあなた方に向かってちょうど光が進むように飛んでいきます。ただ、光のように直進し続けたりしません。人間が私たちに関心を寄せて話をすると、今の会話をする状態となります。

皆様が光と同じように活動できるとすると、宇宙のかなたまで飛んでいけるということですか。

——そのとおりです。

では、宇宙の風景を宇宙船に乗らなくても楽しめるということですね。

——そのとおりです。

宇宙の風景を教えてください。

――あなたが知っている宇宙の風景がどんなものかを想像してみてください。宇宙の風景は、地球でも探査機や天文台の望遠鏡で観測されていますね。あなたの知っている宇宙の風景は、宇宙のほんの一部にすぎません。宇宙は広大であり、無限に広がっている世界です。

そこには何があるのですか。私たちの知らない生命体もいるのですか。

――何があるのかといえば、星もガスも生命体もです。太陽を中心とする惑星があるのと同じように、たくさんの星が群れをなして存在しています。

そこに存在する生命と皆様が交信しているのだとすると、皆様は私たちよりはるかに多くの生命を知っているのですね。

――もちろん知っています。

どのような関係にあるのですか。

——どのような関係というと、人間社会で言う政治経済のことですか。

はい。

——皆それぞれ、別個独立の関係です。ちょうど私たちが今、地球と交信しているのと同じです。宇宙ではさまざまな生命が存在し、独自に発達しています。

それでは、それぞれの星の文化の違いを知っていると思いますが、少し教えていただけませんか。

——私たちが交信している星の一つに地球と似ている星があります。発達のしかたも類似しているところがあります。

その星の住人はどのような形をしているのですか。

——人間と同じように個体であり、雌雄別々です。科学技術を利用して宇宙船で生活しています。

その星の人たちは地球人を知っていますか。

――いいえ、知りません。

何か似ていることがありますか。

――その星にある情報をとらえるのには熱心ですが、私たちとの交流は得意ではありません。

他の星では、皆様とよく交流する星もあるのですか。

――あります。宇宙では星の存在と生命の存在とは必ずしも一致しません。私たちのように空間に生存している生物もあります。

そのようにさまざまな生物と交信するとき、何か基準となる合図や目印がありますか。

――これは例えですが、宇宙を旅するとき、その存在を明らかにするのは、その生物の出す信号です。

あなた方の考えていることこそ、その信号ですが、私たちはその信号の中に愛情や友情を認めたときに近寄り、交信しようとします。

つまり、あいさつをすればあいさつを返してくれるということですね。

――そのとおりです。人間同士が知りあうときと同じです。

私たちが地球を離れ、宇宙に出たほうが皆様と交信するのが容易となりますか。

――必ずしもそうとはいえません。私たちと波長が合わなければなりませんから。

皆様の出す波長は何か特別のものなのですか。

――いいえ、特別のものではありません。けれども、人間が出す波長と、ある点で合致するようになっています。

ある点とは何ですか。

――人間が私たちの存在に理解と共感を寄せることです。

それは、私たち誰でもが理解してはいないということですね。

――残念ながら現在のところ少数です。

皆様が光のように自由に宇宙を飛び交うことができるとすると、地上から離れにくい私たちとは何か違ってくることがありますか。

――一番違うのが考える方法です。物質から離れている私たちは、物質から自由になります。

人間は体を保護する衣服や体を休める家や移動するための装置を持っていますが、私たちには一切不要です。物に依存しない生活というのは、人には想像するのが難しい生活です。

食事も不要、風景もないとすると、私たちのように余暇で旅行することもないのですね。

――私たちは人間とは違った意味で旅行をし、楽しんでいます。現に私たちは今、地球にいるのですから。

それは一方的に私たちのところに来ているのですか。それとも私は皆様のところに行っているのですか。

――私たちは光と共に、その意識を動かせる存在です。そこであなた方が想像するように一定のところにとどまっているのではありません。

人が私たちと交信しているときは、あたかも電話で話ができるように、話し手が存在しているといえます。

交信しているときは、どちらかが一方的に働きかけているのではなく、お互いに意識が行き来している状態なのです。

やはり形のない存在というのは、想像するのは難しいですね。

——人間はよく夢を見ますね。夢の中の風景と私たちの生活は似ているかもしれません。

難しいですね。皆様はどのようなことに快適さを感じるのですか。

——魚が水の中を泳ぐ様子を想像してください。私たちはちょうど魚が泳ぐように、自由に宇宙で活動しています。自由に動き回るときに、私たちは快適さを味わっています。

私たちとの交流の中で楽しさを感じるとすると何ですか。

——地球はユニークな環境で、さまざまな生物が存在しています。人間だけでなく、多くの動植物が一緒に暮らしています。私たちは人間ばかりでなく、多くの動物たち、植物たちと交流しています。その中で私たちと多くの会話を楽しんでいるのが、人間の周囲にいる動植物なのです。

私たちの周りにいる動植物とは何ですか。

――例えば今、あなたの目の前にある水槽の中にいる小さい魚とも、私たちは会話しています。

どのような内容ですか。

――それは想像にお任せしましょう。とても楽しい会話とだけお伝えしましょう。また、あなたの家の外にある街路樹とも会話しています。彼らと私たちとはとてもよい関係です。人間は周囲にいる生物たちともっと仲良くする必要があります。彼らの方が人間に対してより寛大です。

寛大なのですか。

――そうです。人間は環境の劣化を他の生物によく強いています。彼らはそれに対して寛大な態度で人間とつきあっています。

物質と意識

私の方から質問したいのですが。

——どうぞお聴きください。

私たちは物質の中に閉じ込められ、不自由な暮らしをしているということですが。

——そうです。

皆様は私たちのように不自由がないとすると、努力したり我慢する必要が全くないのでしょうか。

——人間からみれば、私たちは自由に生活しているようにみえるでしょう。けれども自由には責任が伴うのは、人間の世界に似ています。私たちは人間とは違う自由を有する代わりに、また違った制限も受けなくてはなりません。

どのような不自由ですか。皆様は私たちのように希望を失って悲しむことはないのではありませんか。

――今日はずいぶんと手厳しいですね。あなたにはまるで私たちが機械のように映るのでしょうか。

いいえ。私たちのように制限されていないのでしたら、物質をなくした悲しさは感じないのではと思ったのです。

私たちの世界では、近親を亡くした喪失感は悲しみの感情の中で大きな比重を占めています。親を亡くしたり、配偶者を亡くしたり、子供を亡くしたりします。その悲しさは、それぞれとても大きいものです。

しかし、皆様の世界は意識でできた世界ですから、なくなる悲しさとは無縁に思えるのです。

――あなたのお話はよくわかります。しかし、私たちが肉体を持っていないからといって、人間の感じる気持ちと全く無縁ではありません。

まず私たちは昔、人間と同じように体を持って活動していたのです。また、宇宙の星は物質ですから、やがて消えていきます。私たちは無限の宇宙の中で有限の世界に生きていますから、周囲は生生流転《せいせいるてん》していきます。
私たちの意識が永遠に成長するとしても、周囲の環境は常に存在しているのではありません。私たちも同様に物質の変転に影響されることはよくあることです。

それを悲しく思うのですか。

――人間の感じる感情と、私たちの感じる感情は違うものでしょう。私たちは地球の住人ではありませんから、あなた方と同じようには感じないと推測します。
なぜなら、人間の持つ感情を私たちのものとすることはできないからです。

皆様は葬式というものをするのですか。

――何ですか。

死を悼む儀式です。

――行いません。

では、誕生する儀式は。

――ありません。

では、皆様はどのようなときに儀式をするのですか。

――儀式はありません。私たちはそのようなことを行いません。しかし、意識の成長を喜ぶことが、人間の世界のお祝いに近いといえるかもしれませんね。

私たちは成長すると皆様のようになるのでしょうか。肉体を捨てて意識だけになり、雌雄の別がなくなり、誕生日も葬式もない。

――どのように成長するかはそれぞれの人次第です。
私たちはあなた方がどのように進んでいくのかを予想することはできません。

進化の階段というのは決まっていないのですか。私たちは猿に近い祖先から進化したといわれています。そして、これからも進化していくならば、科学技術に長じ、さらに文明を進めていくと思っていますが。

――進化の道は、あなた方人間が決めているのです。宇宙に飛び出して生活したいと思えば、そのようになるでしょう。より長生きをしたいと考えれば、そのようにもなるでしょう。

しかし、どんなに人間が望んだとしても、すぐに物質から離れて生きていくことはできません。進化の階段を一つずつ上っていくでしょうし、人間は限りなく選択をしながら進化していくに違いありません。

その進化の過程で、あなた方の持っている感情も少しずつ変化していきます。感情は不変のものではありません。ちょうど草食動物と肉食動物では、気性が違うように、人の感情もまた、環境が変われば変化していきます。

では環境が変化した場合に、人の心の中に変わらず残るものは何でしょう。

わかりません。

——生き続けるという気持ちです。生存本能と言ってもよいかもしれません。その本能が人間をつき動かし、また新たな文明を打ちたてていきます。環境が変われば、人間の意識の方向も変わっていきます。

意識の方向とは何ですか。

——ある環境に置かれたときに生きるために選択する本能の傾向といったものです。

その意識の方向が変わると、どのようになりますか。

——文明が起こったり、衰退したりします。

具体的に言ってください。

——人間が今、移動の手段として使っているものは、やがて変わっていきます。平面からやがて三次元を移動するものに取って代わられます。そのとき人間の傾向は、二次元から三次元に考え方が変わっていきます。

単に自動車が空飛ぶロボットに変わったとしても、人間そのものは変わらないのではないですか。

わかりません。

——昔、人間は陸から海に出て行けないと思っていました。やがて人間は船を発明して、自由に海上を旅するようになりました。そのとき意識に変化はなかったでしょうか。また人間は空を飛ぶ気球や飛行船を発明し、やがて飛行機を発明し、今自由に空を飛んでいます。飛行機に乗ったとき、人の意識に変化はなかったでしょうか。

——人間の歴史は宇宙からみれば、わずか一瞬の間に起こった出来事にすぎません。しかし、その一瞬の間に人間の意識の方向は、さまざまに変化しています。船や飛行機の発明はその一例にすぎません。

もし人間が肉体を離れて私たちのように自由に交信できたならば、その感情もまた変わっていくでしょう。しかし、変わらないのはやはり生きていくという本能です。

私たちが生きようとする本能とは、いったい何なのですか。それはどこにあるのですか。死んでもまた、存在するのですか。

――何度もお話ししているのですが、もう一度繰り返して説明しましょう。生きようとする気持ち、これは人が肉体をなくしても残っています。私たちはこれを意識と呼んでいます。それは科学の観点からみれば、非物質となります。分子の構造をとっていません。しかし、光のような波長を持っています。物質ではありませんが、存在しています。そこで肉体に死が訪れても生きようとする意識は失われませんから、さらに成長を続けていきます。

その意識はどこに保存され、どのように成長していくのですか。

――それを具体的に説明するのは私たちの役割ではありません。さまざまな場所にさまざまな様式で保存されていく、といった漠然とした説明をしておきます。

それも成長すれば理解できるのですか。

――そのとおりです。

意識の成長にとって、肉体を持つ持たないということは関係がないということですか。

――全く関係がないということではありません。肉体を持つことによってさまざまな障害を感じ、それを乗り越えることによって意識は成長します。

一方、肉体を持たなくても成長する意識もあります。成長の仕方にはさまざまな方法があり、一様ではありません。

成長にとって大事なこととは何ですか。

――成長したいという意思です。そして、その前に立ちはだかる障害を乗り越えて成長することを意識自らが望むことです。

私たち人間は、すべてその大事なことを行っているのですね。

――すべてと言えるかどうかわかりません。人は時に成長よりも衰退を望む奇妙な習性を持つことがあるからです。

皆様はそのように衰退することはないのですか。

――はい、ありません。常に成長し続けることを夢見ています。

なぜですか。宇宙にはたくさんの意識があり、皆様の中にも意識が混乱し、成長よりも衰退を望む意識もあったのではないのですか。

――よくご存じですね。そのとおりです。宇宙には必ずしも成長を望む意識ばかりではなく、自己の意識を無にしたいと願う意識もあるのです。

存在しているのに存在したくないという矛盾をかかえているのですね。

――そのとおりです。しかし、そのような風変わりな意識もまた、私たちの仲間なのです。容易に意識の永続性を信じられない意識もあるのです。

地球の生物

――地球の生物について話しましょう。私たちは人間とばかり交信しているわけではなく、地球のあらゆる生物とコミュニケーションをとっています。

どのような会話をしているのですか。

――秘密です。

本当ですか。

――いいえ、冗談です。

皆様も冗談を言うのですね。

――地球の動物たちも冗談が好きですよ。

動物が冗談を言うのですか。

――冗談という定義にあてはまるのかどうかわかりませんが、動物たちもとても楽しい話をしたり、喜んで歌を歌ったりします。

動物の歌を聴きましたか。

――はい。あなた方のよく知っている馬や犬もよく歌を歌います。

私も聴くことができますか。

――関心を寄せれば歌ってくれますよ。

地球の動物や植物は、皆様とどのような話をするのですか。

――皆それぞれが、一日一日の出来事を話してくれます。

皆様と話のできることを驚いたりしないのですか。

――人間のように私たちの存在を認めないといった態度をとりませんから、いつでも受け入れてもらえます。

やはり、皆様は地球の生物を助けているのですか。

――助ける場合もあれば、友達のように楽しく過ごすこともあります。

人間と他の生物との違いはありますか。

――人間も地球の生物という点では同じです。ただ、人間は人間自身が習得した知識に従っていますから、私たちの存在を疑うことから始まります。他の生物は私たちの存在を疑いません。

また、人間は過去の経験をもとに将来を予想して思い悩む傾向があります。地球の他の生物は一瞬の不安や危険を感じることはあっても、その記憶を保持しません。

人間はその点で劣っていると。

――いいえ、劣っているわけでも優れているわけでもありません。人間だけに悩む気持ちが強く表れています。

そこに何か問題があるのですか。

――地球上で人間が最上位にあるのは、人間が論理的に考えたり、推理推測することのできる動物だからです。
その推測が悲観的であれば、人間の活力は萎《な》えてしまうでしょうし、推測が楽観的であれば、人間同士の信頼が増して諸科学は進展していくでしょう。

人間はどのような進路をとるべきだとお考えですか。

――考えて決断を下すのは、人間自身です。人間が人間を信頼するとともに、他の生物の視点に立って活動するとき、さらに地球の人間は発展していくでしょう。

具体的に言ってください。

――人間は考えるときの基準を人間中心にする傾向があります。地球には人間に近い体を持つ生物から、はるかに単純な生物までさまざまな形で存在しています。いかなる生物も自分が発達していくことに関心があり、その関心を中心として生活しています。

人間もまた他の生物の考えを推し量り、他の生物が生きやすい環境を提供することで、さらに共存共栄が進むはずです。

また、私たちのような地球外の生物とも情報を共有し、互いに友好的に生活することが可能です。私たちは人間と戦いをしようとは考えないし、人間もまた同じだと思います。

私たちの進んだ技術を摂取し、私たちが持っている情報を共有することで、人間と私たちが互いに発展していく関係をつくれたらよいと考えています。

ありがとうございます。そのように友好的な関係を地球の中と外に持つことによって、私たちは何が変化していくのですか。

――より発展して生存していくことが可能となります。

意識はどんな形でも生存していくのではありませんか。

――生物は生きていくことを目標として存在しています。しかし、時に例外的活動をとることもあります。人が時として自暴自棄の行動をとったり、戦争を引き起こすことは生物の発展という観点から外れたものです。

しかし、人間は昔から闘争を繰り返してきました。

――どんな理由からでしょうか。

自らの属する集団の利益を守るため。

――そのような集団の利益を守ることは地球規模で考えれば、大変効率の悪い考えだと気がつくはずです。地球上の生物は、等しく生命の存在を守られています。個々の人間だけでなく、人間全体にとっても同様に守られています。

にもかかわらず、人間同士が武器をとり、傷つけあえば、生命の存在を害することはあっても、何も地球上の利益を生みません。

もし地球上の人間が殺しあえば、他の生物種がそれに取って代わるでしょう。それは地球の生物ではないかもしれません。

宇宙では、そのような戦争は多くあるのですか。

――残念ながら地球だけではありません。また人間ばかりでなく、他の種の生物も互いに争うことを繰り返したりします。

そのときに私たちは何を基準に考えればよいのですか。

――私たちはまず、生物が存続するための条件をお伝えします。生物が存続するには、その生物が生きていくための条件を肯定しなくてはなりません。人間が生命を存続させるには、地球上で食糧や光や酸素を確保する必要があります。しかし、それらの条件以上に大事なことは、互いに助けあう意識です。人間同士が助けあうばかりでなく、人間の周囲にある動物や植物もまた生きているのですから、その求めているものを聴き、変化していくことが必要です。例えば動物の生きていく環境を保護したり、植物の要求を聴くことが必要となります。

植物の要求とは何ですか。

――水や光を確保することです。また、人間はその要求を聴くだけでなく、植物を大事にする心で接することです。

皆様は私たちが植物を大事にすると、その大事にされた植物の声を聴くことがありますか。

――もちろんです。植物が人間によって大事にされると、植物は喜んで話をします。

植物が話をするのですか。

――人間にはよく聴こえないかもしれません。けれども私たちの声に耳を傾けるように植物の声に耳を傾ければ、きっと私たちの声と同じようにはっきりと植物の声を聴くことができるでしょう。

どのようなときに植物は話をするのですか。

――あなたは植物に水をやるときに、植物が喜んでいる声を出していることに気がつきませんか。また、山に生えている木と話したことはありませんか。あなたが一心に話をすれば、植物も応えてくれます。

また森に棲《す》む動物たちと話もできます。今と同じように友好的な雰囲気をつくり、少しずつ話しかけると、動物も話をしてくれるはずです。そのとき自分の話をするのではなく、どうか相手の話をじっと聴いてあげてください。どの動物たちも自分の話を聴いてくれることを喜びます。

皆様は地球に来て動物たちとよく話をするのですか。

――はい、そのとおりです。馬やラクダとは友達です。犬や猫ともよく話をします。また、野生の動物たちも私たちとよく話をします。

その話の中に人間は登場しますか。

――家畜にされた動物やペットとして生きている動物は人間に関心が深く、人間の話をします。しかし、野生の動物たちはむしろ、自然の様子や生きている楽しさを多く話します。

その話を皆様はどのように扱っているのですか。

――扱うというより、今話しているように楽しく会話をしています。そして、お互いに生きていくのに必要なエネルギーを交換し合っています。

生きていくのに必要なエネルギーとは何ですか。

――例えばあなた方が砂漠でオアシスに出会ったら、喜んでリラックスすることができるでしょう。

私たちも地球の生物と会話をすると、リラックスして楽しみます。楽しむことは私たちのエネルギーを増やしてくれます。

つまり、元気になるということですね。

――そのとおりです。私たちは地球の生物と楽しく会話して、元気になります。

その話を少し教えてください。

――例えば、昨日私たちは大きな森の木々と話をしました。たくさんの木々です。彼らは風や光の話をしました。

木はどのような話をするのですか。

――木は風にあたりながら、風とぶつからないで生きていこうとします。

風にぶつからないとはどういうことですか。

――木は、風が来ればできる限り木の枝を横に伸ばして、風が抜けていくようにします。木は風が通りやすくしたことを私たちに話しました。木はまた、太陽の光を浴びて気持ちいいことも話しました。

それはあなたが聴くから話すのですか。

――いいえ。木が自然と話をするのです。木の話を一つ紹介しましょう。「木は他の生物が元気であることを願っている」という話を知っていますか。

木は私たちが元気であることを願うのですか。

――いいえ。人間たちだけではなく、虫や草や獣たちです。木は周りの生物と共存したいと願っています。

どのような話をしているのですか。

――木は人々の環境から出る二酸化炭素を吸って酸素を出しています。なぜ酸素を取らないのでしょう。植物も動物のように酸素を吸って二酸化炭素を出すと決意してもよかったのです。けれども、植物は光合成をして酸素を出す道を選びました。他の生物が出現するのを待ったのです。

他の生物と共に生きようとしているからですか。

――そのとおりです。すべての地球上の生物が酸素を取り入れたとしたら、酸素は少なくなってしまいます。他の生物の必要とするものを提供することで生存する、これは一つの愛情です。ところで、あなたは植物に愛情を注いでいますか。

愛情とはどういうことですか。

――まず関心を向けることです。地球上に多くの植物が生育しています。その一つひとつに関心を寄せることです。関心が向けられることを植物は望んでいます。

植物は人間が関心を向けるとわかるのですか。

――もちろんわかります。植物と話をしてみてください。植物は喜びますし、成長を早めます。

それはどのような種類の植物でもですか。

――そのとおりです。地球で育つ動植物は、すべて人間の友達です。

人間はあまり意識していないようですが。

――そのとおりです。しかし、人間が周囲の生物に無関心であっても、周囲の生物は人間に無関心ではありません。地球の動植物は皆、仲良く生きていこうとしています。

なぜそのように思うのですか。そのもととなっているのは何なのですか。

――人間の心の中には永遠の生命を尊ぶ意思が宿っています。その意思は人間だけではなく、地球に住むあらゆる動植物もまた同じ気持ちを持っているのです。それは、生物が地球上に発生したときから、人々の意識の中に住みついている根本のものです。

それは誰でもですか。時に戦争を起こす者や犯罪を起こす者も、すべての者にある意思なのですか。

――そのとおりです。私たちはそのことを神性と呼んでいます。どのように呼ぶかは自由ですが、人間にも野生の動物にも、草や木などの植物にも、果ては小さなプランクトンに至るまで、全ての生き物の心の底には神性が宿っています。

私たちのその神性はどのようなときに発揮されますか。

――例えば人は子供を育てます。わが子を毎日遊ばせたり、食物を与えたり、生きていけるように教育します。これは誰が教えたのですか。学校や社会があるから育てるのでしょうか。誰かが教えているのではなく、人間の心の奥底に宿っているものです。あなた方はこの心に宿っているものを本能と呼んでいます。

しかし、本能がなぜ宿るのかはわかっていません。生物学が進歩し、人間のどの部分にこの意識が宿っているのかは、やがて解明されるでしょう。しかし、どのようにこの意識が宿るのかはわからないでしょう。

私たちの中に宿る、子供を育てる本能は神の意識、神性だと言うのですね。

――そのとおりです。人は社会性を有していますが、社会から離れても他の人を愛する気持ちがなくなるわけではありません。政治が混乱したり物資が欠乏すると、人の意識は混乱することがあります。

しかし、いつの時代でも、地球のどこに行っても、他者を慈しむ気持ちがあることに気がつくはずです。地球のすべての生物は、他者の生存を保護することによって生きていくことを知っているのです。

つまり、神性は人間のみではないということですね。

――そのとおりです。地球の歴史はまた、宇宙の歴史の一部です。宇宙はすべての星の生物を保護し育成して、成長させているのです。それは私たちが特別に話をしたり、特別の役割をしているわけではありません。

人間はこの地球に誕生した瞬間に、地球の生物を保護し育成する心を宿して生まれてくるのです。


私たちがそれを意識しているとは思えませんが。


――意識する、しないにかかわらず、人間は他の生物と共存しているのです。あなた方の周りにいるすべての生物は、その生物の存在の重要性と同じほどに、他の生物の存在の重要性を意識して生きていることに気がつくはずです。

花は昆虫と共に暮らしています。人間は、他の動植物の存在なしには地球で生存していくことができません。他の動植物もまた、地球の環境なしには生存していくことができません。すべての動植物は互いに関係して生きています。

私たちもまた同じです。人間の成長なしには、私たちもまた存在し得ないのです。

人間はまだ発展途上です。私たちの意識はすべての人に送られているわけではなく、まだほんの一部の人間に送られているにすぎません。しかし、やがて多くの人の意識の中に私たちの意識が呼びさまされて一大潮流となり、もっと他の生物への配慮がなされる時代がやってきます。

他の生物ばかりではなく、宇宙に存在する他の星の住人たちとも交信する日が来るでしょう。私たちはその日が来るまで人間の成長を見守り、アドバイスを送る者たちです。

今、あなた方の中には私たちの言葉を受け取る人たちも、数は少ないのですが、現れています。どうかこの『ボイス』を読んだ方々は、その少数の者たちを助けてあげてください。あなた方の中には、まだ他の生物との関係を知らない人たちも多いのです。諸科学は進むものの、自国の利益や人間のみの尊重を考える人も多いのです。

「すべての生物はお互いに関係し合っている。宇宙を貫く法則は他の生物を保護すること」という単純な論理を学ぶとき、地球はますます発展していくことでしょう。

私たちがしなくてはならないことは何ですか。

――まず、生命の永遠なる発展を伝えることです。意識こそがその中心にあり、限りなく発展していくことをお伝えください。そして、眼前の事象にとらわれることなく、宇宙は永遠の真理の中で、あらゆる場所で成長し続けていくことを信念をもって伝え続けていってください。

どの時代にもどの場所でも、偏見による弾圧、圧政による苦しみといったものはありました。この真理に合わない考え方が流布したこともありました。しかし、あきらめないで伝え続けていってください。

そのように人間の心の中に真理が広まっているならば、なぜ現実には争いをくり広げるのですか。なぜ皆に理解されないのですか。

――物の中にいるからです。人間は物に囲まれて、意識の支配する世界にはいないからです。

このように説明したとしても、物質の世界では意識の支配されている世界と環境が異なります。意識をコントロールしても、現実的な利益と結びつきません。

それは物質の世界と意識の世界では、明らかに異なる性質の世界だからです。その世界が違う中にいて、人の心の底にある神性を思い出す作業こそが貴重な訓練の一つとなります。

ずいぶんとまわりくどい、効率の悪い方法に思えますが。

――それも含めて、宇宙ではすべてが平等に行われていることをお伝えしておきます。

人には現象の一部しか見えていません。すべての物事の一部しか見えません。私たちはそのすべてをお見せできないのを残念に思います。
しかし、私たちがお伝えしていることをぜひ心の奥で、その信じる心で受け取ってください。あなた方に限りない進歩と成長が約束されていることを祝福しています。

障がいを持って生まれてくる魂は一人もいない

――時間に間に合わないときにあなたはどのように考えますか。

努力して間に合わないときには、「縁がない」ものとあきらめます。

――「縁がない」という表現はよくわかりませんが、どのような意味ですか。

もともと仏教からきた言葉だと思います。何かの出来事はすべて何らかの原因と結果の表れ、すなわち因縁があるとする考えです。関わりがないことを「縁がない」と使います。

——それが果たして合理的かどうかわかりません。むしろあなたの意思の求めている力が弱かったということではありませんか。

そのとおりです。しかし、あきらめたり執着する心を切り替える方法として私たちはよく「縁がない」という言葉を使います。

——では、社会の中で身体や精神の障がいを持って生まれたときにはどのように考えますか。

つまり、障がいを持ったことは原因も結果も関わりがないと考えるかどうかということですね。

——はい。

人によると思います。障がいを持つこととその原因につながりがあると考える人もいます。これは正しいことでしょうか。

――いいえ、誤りです。まず「身体や精神の障がいを有することと、意識すなわち魂の存在とは全く関わりがない」ということから話を始めなくてはなりません。

どういうことですか。

――あなた方のなかで障がいを持っている方がいたならば、ぜひお聴きください。身体の一部や精神の一部に障がいを持つ、そのことと意識の存在とは別だということです。身体の一部の機能に障がいがあろうと、意識は元気に活動しています。精神の一部に障がいがあっても、意識は健全に働いています。人は外見にごまかされ、真実の姿を見失うことが多くあります。すべての人は健全な意識を持って生存しています。すべての人は成長する神の意思を持って生まれてきています。発声がうまくできない、聴覚に障がいがある、視覚に障がいがある、脳の一部の機能に障がいがあるといった事柄と意識の存在とは全く別だということをご理解ください。

なぜ私たちは意識の存在を誤って感じてしまうのですか。

――とてもよい質問です。あなた方は私たちの存在を認めるのに大変時間がかかります。私たちが百万言の言葉を費やしても、ただ見えないという理由一つで私たちの存在を信じてもらうことは困難です。なぜなら人は「見えるものイコール存在するもの」として理解しているのです。今、私が「あなたの今いる場所と目の前の壁の間に私がいる」と言っても、誰も信じないでしょう。しかし、もし私が目の前の小さな石ころになって話をしたなら、あるいは少し信じてもらえるかもしれません。しかし、残念ながら私たちにはそのような手段がありません。

私たちは目に見えず、あなた方からみれば存在していないのです。存在しないものが話をすることなど考えられないのです。

それはいつも私たちは「物こそすべて」と思っているからですね。

――そのとおりです。

けれども、時として私たちは先祖のことを思ったりします。先祖の魂が来たり帰ったりするお盆という風習を持っています。

――お盆に先祖の声を聴いた人はあなたのお仲間にいますか。あるいは、私たちの声をはっきりと聴いたあなたの友人はいますか。

いいえ、いません。

――あなたは私たちの声をはっきりと聴いていますが、あなたは周囲から信頼されている地位の人ですか。あなたが私たちの言葉を聴いたことを仲間の人は耳を澄ましてお聴きになりますか。

いいえ。私にはそのような力もなく、そのような信頼も得ておりません。

――なぜだかおわかりになりますか。

いいえ、わかりません。

――あなたのお仲間の誰一人として、私たちの声を聴く人がいないからです。もしあなたの周囲にいる人の一人があなたの聴くこの声をかすかにでも聴いたとしたら、あなたへの信頼ははるかに増すはずです。しかし今、誰もあなたのようにこの声を聴く人はいないのです。

今、私たちはこのように大量な伝言を送っています。多くの言葉はきっと人々の心の奥に触れるであろうと信じているからです。そこで私たちは提案します。

それは何でしょうか。

――現在目の前にある事物からまず離れて考えてみることをお勧めします。

どういうことですか。

――あなた方の世界で重要視されていない人たちこそ、私たちの表現をよく受け取ることができます。

重要視されていない人たちとは誰のことですか。

――社会で特別に重要視されていない人たちです。その人たちは目の前の物質を中心とする情報よりも、私たちの話に耳を傾けることができます。

なぜですか。皆様の話はいつでもどこでも誰にでも聴けるはずではないのですか。

――そのとおりです。私たちはいつでもどこでも誰にでも公平に情報を送っています。しかし、受け取る人の関心が低ければ、私たちの声は聴こえないのです。ちょうど感度の悪いラジオでは、放送されている電波を受け取れないのと同じです。私たちの声はいつでもどこでも誰にでも地球上に流れているのです。ちょっと努力して心の中の耳を傾けさえすれば、あなたと同じようにこの声は誰にでも流れてくるのです。

では多くの人たちは皆様の声を聴こうとしていないと言うのですね。

――そのとおりです。私たちは人間が地球に住むはるか昔から存在しています。そして、人間が成長するとともに、いつもあなた方のそばにいて話をしています。しかし、私たちの声をたとえ聴いたとしても、それを真剣に考える人間は少ないのです。

それは何か原因がありますか。

――私たちの声が人間によく聴こえないことは、また宇宙の意思なのかもしれません。人が地球で苦労することで得られる経験は、人を賢くすることでしょう。自分の意思で物質のよろいを着て労働することにより得られる経験は多いと思います。しかし、この声に耳を傾ける人が少ないことを私たちは時に残念に思うのです。

それは皆様にとって苦労なことなのですか。

――いいえ。私たちの仕事であり責任ですから、苦労ではありません。

私には皆様のようにすべてをお見通しのような人たちが、なぜ私たちのようにまだ発展途上の者たちに力を貸してくれるのか、その理由がわかりません。私たちを手助けする理由があるのでしょうか。地球の生物たちがどれほど地球と共に生きているからといって、そばにいて私たちを愛してくれているのかどうか私にはわかりません。しかし、私には皆様がとても愛情深く、先見性を有している人たちに思えます。

――私たちはあなた方からどのように思われるかを気にするものではありません。私たちは人間が成長するのを助ける者たちで、いつもそばにいる存在だからです。人間の成長を阻むものがあればそれを指摘して、それぞれの人たちが自分で成長するのを見届ける者たちです。あなた方からみれば保護者のようなものだと思ってください。
それは私たちに課されている宿題のようなもので、人間がどのように地球で過ごすかということとは別です。あなた方は自由にその意思で決断し、地球の生物と共に仲良く暮らしていくべき存在です。
しかし人は、ときに船の船長のように、あるいは飛行機の操縦士のように行き先を決めねばならないときにその方向を指し、歩いていく必要があります。

どのようなときですか。

――人がその進路を大きく変化させなくてはならないときです。

それはこれから、現れるのですか。

――そのとおりです。人は地球で生活していると、その舵を大きく切らなければならないときが、やがてやってきます。

舵を切らなければならないときとは、何のことですか。

――私たちは具体的に言うべき役目ではありません。また、そのときでもありません。あなた方自身が考え、自ら判断してください。

いずれにしても人間にとって重要なときなのですね。

――人間にとっても、宇宙にとっても重要なときです。

宇宙にとって重要なときとは、どのようなことを言っているのですか。

――人間の意識の変化は、宇宙にとっても重要な役割を担っているということです。

私たちの意思が宇宙を動かすことがあるのですか。

――人間は宇宙の構成要素の一つです。構成要素の一つが狂ったとしたら、宇宙の隅々に影響を与えることは予想がつくのではないでしょうか。

私たちはいったいどのように動いていくのですか。私たちの意思とは別に運命のようなものがあるのでしょうか。

――いいえ。すべてのことはあなた方自身の意思が決めており、将来が決まっていることはありません。

ではなぜ意識の変化を予想されるのですか。重大な変化は何かの兆しでわかるのですか。

――私たちは人間より少し宇宙では先輩です。人間が考えるよりも少し先を見ることができます。少し先を見て、少し先に感じたことをあなた方にお伝えしています。しかし、人間の世界の先を動かしたり変えたりする力はありません。

その将来を予想することと、私たちの自由意思はどのような関係があるのですか。もし将来を見通せるのならば、私たちの意思に重きを置く必要があるのですか。

――あなたは会いたい人がいたときにどのようにしますか。

電話をかけたり、手紙を書いたりします。メールを打ったり、会ってあいさつをしたりします。

――つまり波動を送るわけですね。

そうかもしれません。

――その結果、相手から反応がある。それはあなたが将来を考えているからではありませんか。私たちはあなたの意思に関わりを持っていません。しかし、私たちはあなた方が会いたいという意思を見たり感じたりしています。

見たり感じたり。つまり私たちの意思が手に取るようにわかるということですか。

――そのとおりです。

何だかすべての情報をコントロールしているみたいですね。

――いいえ、コントロールしていません。ただ、感じることが可能だと言っています。私たちはあなた方の心の持ち方を感じることができます。ですからこのようにコミュニケーションが成立しているのです。

それではお尋ねします。皆様が関心を持つ意識とはどのようなものですか。

――希望と絶望・光と闇・安心と不安・喜びと悲しみです。

二極化されたものに関心があるのですね。なぜなのですか。

——私たちはあなた方が活力あるエネルギーであることを喜ぶ存在であるとともに、人が絶望の淵《ふち》にいるときに、その絶望の淵から救い出したいと願う生命だからです。光を願うときにそばにいて喜び、闇の中で一人泣いているときに、そばにいて黙って肩をなで、励ます存在だからです。私たちはあなた方の喜びと共にあり、悲しみと共にあります。

障がいを持っていることで不安を感じている人がいます。どのように考えたらよいのでしょうか。

——基本的に何も障がいがないと知らせることが大切です。何かの不調和は人間がつくり出しているものです。

つまり、障がいはないのに障がいがあるとして人間が壁をつくっていると言うのですね。

——目を転じて自然の景色を眺めてみましょう。岩を見れば、大きな岩も小さな岩もあります。植物を見れば、背の高い木もあれば屈《かが》んでやっと目につく植物もあります。空を飛ぶ鳥にも大きな羽のある鳥もあれば、体が重く、やっと飛び立つことのできる鳥もいます。

つまり、障がいはそのような生物の種の違いのようなものとおっしゃっているのですか。

――人間は自分たちの仲間の中で、これは標準的な成長具合で、これは標準以下の発達具合と分けています。違いますか。

そのとおりです。

――人間が人間を分けることを何と言うか知っていますか。

差別ですか。

――いいえ。偏見と言います。人間は人間として生まれてきます。あなた方が名前をつけた障がいという言葉には、およそ意識体である生物を疎《うと》んじる響きが入っています。生物は意識を持って生まれてきます。成長しようと努力します。障がいという言葉で定義する人間を何の基準で分けているのか、私たちには理解できません。

つまり、偏見が横行していて人間の考えに合理性が認められないと言うのですね。

――そのとおりです。障がいがあると名付けられている人たちは、私たちが接する限り、すべて人間としての意識を持っていることを私たちは知っています。それにもかかわらず人間が人間に対して障がいがあると定めるというのは、偏っていて誤った見方だと私たちは考えています。

なぜそのように人間は偏見を持つのでしょうか。

――理由はとても単純です。人間は道具を使うことでその生活を発展させてきました。手を器用に使って、多くの作業を行うようになりました。器用に使える人は重要視され、手作業に熟達しない人は疎まれました。

手工業の始まる頃の話ですね。確かに手先の器用な人は大事にされたでしょう。

――しかしそれだけではなく、多くの人たちは人間の文明が進むに従って、その文明の要求する技術の習得に熱心となりました。

多くの機械を操る技術のことですか。

――工場で糸を紡ぐような時代になると、少しずつ生産に従事できない人は除かれていきました。

つまり、人間の生活が近代化すると、排斥《はいせき》する事態が生まれると言うのですね。

――そればかりではありません。さまざまな労働の場面で、収益に見合った働きができない人は蔑《さげす》まれる傾向がありました。

近代化して機械が使われると、より人間そのものの価値ではなく、機械を操れるかどうかに視点がいくということでしょうか。

――それだけではなく、さまざまな分野で選別が行われるようになりました。技術や技能に長じた人は、そうでない人に比べ重要視されました。

古くは一人ひとりが大切に扱われる伝統がありましたが、機械を使うようになって技術のない人や生産に貢献しない人は障がいのある人として扱われ、労働力があることを期待されなくなりました。けれども、それは誤っています。

大事なことは何ですか。

――障がいを持って生まれてくる魂は一人もいないということです。

身体や人間の諸器官がどのような状況で生まれ出ても、一人ひとりは立派なアンテナを持つ意識ある生命体です。このことの多くは今も誤解されたままです。

もう少し詳しく教えてください。

目が見えなくなったとします。生きていくのが困難で絶望したりします。そのようなとき、どのように考えたらよいのですか。

――目が見えなくなり、望みを失いかけた人には伝えてください。私たちはすぐそばにいて応援しています。その人は勇気を持って困難を選んだのです。私たちは限りなく応援しています。

私たちはそのように考えることはなかなかできません。

――私たちは亡くなった人を多く見てきています。亡くなったことで悲しんでいる意識に多く出会います。私たちがそばにいることに気がつかない意識もあります。けれどもよく考えてみてください。人はたった一人で生きてきたのではありません。地球上での生活では、多くの人と関わって成長してきたのです。それは亡くなってからも同じです。これから新しい生活を始めるのに、なぜ希望を失わなくてはならないのでしょうか。

つまり、絶望することは意味がないと言うのですね。

――そのとおりです。人の目の前には自ら希望した条件を乗り越えようとして多くの障がいが用意されます。障がいは自らが乗り越えるために選択したものですから、乗り越えられないはずはありません。

では、障がいを持つことを選んだ人に何か励ます言葉はありませんか。

――それならば次の言葉を用意しましょう。

あなた方は勇気ある決断をして物質のある地球での生活を選びました。その生活の中で、より有意義に生きるため、自らの肉体に条件をつけました。身体ばかりでなく、人生の途上で起こるさまざまな試練を含めて、あなた方自身が成長するために企画したのです。

自分で選んだことは自分で計画を実行することができます。勇気ある企画をつくり、新しい場所で生活していこうと計画したのですから、自分の人生を嘆くことは正当ではありません。

つまり、絶望することはおかしいと言うのですね。

――そのとおりです。自ら企画したことを楽しむ余裕を持ちましょう。

私たちは、いつでもどこでもいつまでもあなた方を応援する意識です。あなた方が成長することをいつも応援しています。

繰り返して述べます。

障がいを持って生まれてくる魂は一人もいません。一人ひとり大切に保護されて生まれてきます。

どの意識も私たちと話のできる大切な意識です。その意識をもし人間が遠ざけるときには、どうぞ私たちに声をかけてください。

誰よりも早く、誰よりも熱心に私たちは応援にかけつけるでしょう。

一人ひとりが大切にされるのが、この宇宙の真理です。一人ひとりの成長を夢見て生きている生命がいることをどうぞ忘れないでください。


どうもありがとうございました。

成長するための条件

――私たちがあなた方とお話しできる状態は、人間の心の状態と関係があります。

私たちの心の状態がどのようなときに皆様は私たちと交流できるのでしょう。

――私たちは、いつも同じようにあなた方に話しかけていることはお話ししました。しかし、どのようなときに人はこの声を聴くのかおわかりになりますか。

はい、聴こうと関心を持つとき。心の中で聴こうと意識したときです。

――そのとおりです。けれども人間はいつも周囲の音に注目していて、心の中の声、つまり私たちの声になかなか耳を傾けることができません。この声がそこに流れていてもです。なぜだかわかりますか。

わかりません。

――まず私たちの声を聴いたことがないからです。聴いたことのない声を聴くことは難しいのです。

次に聴くことに関心が向かないのです。お母さんの声は生きるのに必要だから赤ん坊の耳に入ります。私たちの声は赤ん坊にとって、生きるために必要な声ではないかもしれません。

では、大きく成長した人間にとって必要な声は何でしょう。人々の聴く声は、仕事の指示や命令、周囲の人の言葉やニュース・新聞・テレビなどで送られてくる言葉で、私たちの声は第一番目に必要なものとならないかもしれません。私たちの声が必要とされるときはいつなのか、おわかりになりますか。

絶望したときや死にたいときでしょうか。

――そのとおりです。そのときのことをこれからお話しします。人は絶望したときに何を考えるでしょうか。

おそらく自分の最も信頼できる人を思い浮かべると思います。私はそうでしたから。

――では、その最も信頼できる人が地球上にいないとしたらどうしますか。例えば死んでしまった友人や親だとしたら。

おそらく大変悩むと思います。人によっては神経を病むかもしれません。

――なぜですか。なぜ神経を病むのですか。

不安だからです。私たちはもともと一人ではとても弱いものです。もし自分が今、仲間や親、兄弟もいなくて一人だとわかったら、大変不安になると思います。

――不安なときにあなたならどうしますか。

永遠のもの、絶対的な存在を探します。そしてもし絶対的なものが存在するとわかれば、全身全霊を挙げてその存在を信頼しようと努めるに違いありません。

――なぜそのように地上の人間は不安を抱えて生きているのですか。

わかりません。けれども、不安の中にいる状態は誰でも大変つらいときだと考えました。

――私たちは人間のそばにいる者ですが、時に姿を発見されることがあります。

なぜですか。皆様はこの地球上に姿を現さないと言っておられましたが。

――私たちはあなた方に見られようと思っているわけではなく、人の視覚に映らない存在です。しかし、あなた方が必死に探すときには感覚のどこかに映し出されることがあります。

なぜそのようなことが起こるのですか。

――わかりません。私たちにはその原理を伝えることはできません。私たちが人間の存在を感じるときに人間もまた私たちの存在を感じ取ることができるのだと私たちは考えています。
私たちはいつもあなた方からの問い合わせを待っています。私たちをお探しになると、私たちもまたあなた方の存在を探すのです。

私たちの存在を探すとおっしゃいましたが、皆様は、はっきりとこちらの存在を確信しているのではないのですか。

――よく私たちとの関係がわかっておられないようですね。私たちは存在していて、あなた方もまた存在しています。しかし、私たちもまた人間の姿をはっきりと見ることはできないのです。

ということは、皆様には私が存在していることは見えないのですか。

――いいえ。今、お話しになっているあなたはよくわかるのです。なぜなら今、このように会話をしているのですから。しかし、あなたですら、私たちが日頃どこにいるのかわからないのです。あなたが私たちを求めたときに私たちはあなたのそばに現れ、このように問われて会話をしているにすぎないのです。

なぜお互いが存在しているのに普段は見えないのですか。

――そのような存在として、私たちはいるのです。お互いに求めなければ、その存在がわからないのです。

宇宙ではすべてのものがそのような意識を通してしかわからないのですか。

――私たちは宇宙のすべてについて知っているわけではありません。しかし、私たちが知り得る範囲では、意識を相手に向けない限り相手の存在はわからず、いないと同じことになるのです。ただそこに存在するといったことはありません。事物の存在はお互いに意識を通して関わりあい、初めて確認できるということになります。

それは、地球上の原則と違うのでしょうか。地球では関心のないものも、あるものも等分に見えるものと思います。

――地球にいる人の見え方は私たちと異なるかもしれません。しかし、意識をしないものは目に入らないという点は私たちと同じではないでしょうか。視覚、聴覚はあらゆるものを対象としているのではなく、意識の向けられたものだけを見たり聴いたりしているはずです。

私たちは皆様に関心がないから、あるいは少ないから、多くの人には見えず聴こえずということでしょうか。

――そのとおりです。私たちに関心を持つ人たちはまだ少ないのです。

そうでしょうか。多くの人が神社仏閣や教会に行きます。お正月にお参りをします。仏事も頻繁に行われます。死んだ人間を偲《しの》んだりします。決して皆様に関心がないとは思えないのですが。

――そうでしょうか。あなた方の中にどれだけ全身全霊をかけて私たちと話をしようとする人がいるでしょうか。私たちはこのように存在して、いつも待っているのです。あなた方が私たちを訪ねてくるのを心待ちにしているのです。しかし、私たちを本当に訪ねてくるのは、人生の中でほんの一瞬、死ぬ前のひとときなのです。死ぬ前のその一瞬だけ、真剣に私たちを訪ねてくるのです。肉体から意識が離れようとする、まさにその一瞬に訪ねてくるのです。

そのときに皆様を訪ねるのであれば、皆様と話す機会が最低一回はあるということとではありませんか。

――私たちが人間に何を望んでいるかおわかりですか。

いいえ。

――私たちは交流を通して、人間が成長していくのをお手伝いしています。人間はこの地球で成長し、変化していくのです。

成長と変化。まるでさなぎから蝶になるようですね。

――そのとおりです。人間が進化するための一つのコースに、地球という訓練所があります。その訓練所でさまざまな経験を通して成長していきます。その成長の基礎に光や水のある地球があります。しかし、それだけではなく、私たちがそばにいることもまた人間にとっての成長する条件だと考えてください。

私たちはあなた方全員の保護者であるとともに、先を歩く案内人です。私たちは人が成長するためにそばにいる者たちです。あなた方が歩く道を整備したり、道を照らしたりしています。しかし、歩くのはあなた方です。あなた方が前を向いて歩かなくてはなりません。歩いているときには私たちの声を聴くことがあります。迷っているときには誰かの声を求めることがあります。私たちはこの声を確実に聴いてほしいと願っています。

なぜなら私たちの声を通して、人は宇宙の真理に目覚めるからです。宇宙は万物の成長を助けているとわかった瞬間から、あなた方は宇宙の大切な使命を了解するのです。そして生きていく本当の理由を発見するのです。

私たちの多くは皆様の姿を見ることがなく、話を聴くこともない。そこで宇宙の使命を知らずにいるということでしょうか。

――はい、そのとおりです。すぐそばにいるのに、あなた方は私たちに気がつかずに通り過ぎていってしまいます。次の詩をお渡しします。読んでみてください。

通行人

私のそばを皆　静かに通り過ぎていく
私はほら　あなたのすぐそばにいるのに
私はこんなに大きな声を出しているのに
あなたは私に気づかない
私は何とか気がついてほしくて
あなたのまわりを飛んでみせる
何とか気がついてほしくて
あなたの夢に登場する
しかし　あなたは気がつかない
私の姿を確かに見たはずなのに
私の声を一度は聴いたはずなのに
あなたは首を振って立ち去ってしまう
ただ一言
「そんなはずはない」とつぶやいて

私は今もあなたのそばにいて
必死に呼びかけている
何とかしてあなたに気づいてほしいと願って
私はあなたのそばにいる
時に悲しく歌っている
あなたの立ち去る姿を見て
泣きながら歌っている

いつも冷静な皆様が感情的になることもあるのですね。

——ところで人はなぜ生きているのですか。食べるためですか。

わかりません。ただ皆と同じように生きています。

——人は生きるためにさまざまなことをします。学習・勤労・休養・食事。しかし、本当はなぜ生きているのでしょうか。

もしそのようなことを端的に答えられるならば、きっと悩む人は半減するのではないでしょうか。

――宇宙のあらゆる生物は運動しています。あらゆる動物は進化し成長していきます。人間もまた同じです。生物は生き延びて種を繁栄させることこそが、一番大事な命題です。

しかし、生物はただ単に生き延びているだけではなく、宇宙にその存在を知らしめる証拠を残していきます。

証拠とは何ですか。

――地球の言葉で言えば遺伝子です。いつまでも種が繁栄するもとです。その遺伝子こそ人間の生きている源です。ではその遺伝子をどのように発達させていくでしょうか。

わかりません。

――変化をすることが発展することの一大要素です。変化をすることで宇宙は発展しているのです。人は私たちの声を聴くことで変化の扉を叩いているのです。

変化の扉とは何のことですか。

――肉体を持った人間のままで、人は発展し続けるでしょうか。肉体の中に閉じ込められた意識は、肉体以上に大きくなることは難しいのです。

しかし、肉体の限界を超えたときには、意識は広大な野原に放たれたように自由に跳びまわることができるのです。誰が意識を小さな牢屋の中に閉じ込めてよいとしたのでしょうか。人間自身でしょうか。それとも、他の誰かでしょうか。

わかりません。教えてください。

――人間自身が望んだのです。地球の環境に適応できるように肉体の中に意識を閉じ込めて、地球で活躍しようとしたのです。

しかし、地球で物質に囲まれて生活している今、不自由な制限の中でしか意識は動けないとしたなら、私たちの話はなかなかあなた方に伝わらないのです。もし私たちの話を聴く人がいたとしても、その人は「何かおかしな話をする人がいる」と思うにすぎません。
人間もまた意識として存在する生物なのに、すっかりそのことを忘れ、単に肉体や物質を中心にしてしか考えられないほど退化してしまったのです。

退化ですか。退化したのでしょうか。

――今の時代より前に、私たちはもっと率直に地球の人たちと交流した時代があります。どうしてそのようなことが可能だったか考えてみましょう。
第一に人間からみて私たちの存在（他の星の人）を認めることは、昔は容易だったのです。第二に私たちは人間にとって友人だったのです。

友人だったということは、今皆様は友人ではないのですか。

――友人として受け入れていただいているでしょうか。私たちは今、一方的に待っています。

皆様の心情を理解しても、私には状況を的確にとらえることができません。皆様が待っているにもかかわらず、人間は皆様の前を通り過ぎ、死ぬ前にだけ皆様に会うのならば、それは仕方のないことではないのですか。

――そのとおりです。それを人が望んだのならば。

望んでいないと言うのですか。

――少なくとも私たちは望んでいないと思っています。人間の大もとは私たちと同じ意識なのです。人間は成長するために地球に行って訓練しているのです。訓練している間に物質の谷間の中で当初の目標を忘れてしまっているのです。

私たちの当初の目標とは何ですか。

――意識が成長していくことです。

私たちは成長していないと言うのですか。

――いいえ、成長しています。しかし、限界があることを忘れています。

物質という限界ですね。

――そのとおりです。

成長を望んだ意識

もう一度、私たち人間の目標をわかりやすく教えてくれませんか。

――人間が宇宙に存在する意識であった当時、その成長の方法にはさまざまな考えがありました。地球に行くこともその選択肢の一つでした。地球に行くことを望まない意識もありました。地球は生物が生存する条件は整っていましたが、どのように成長していくのかまだわかりませんでした。若い星で、成長の途中だったからです。意識の中にはもっと安定している星を選ぼうとした者もいました。しかし、どこかに行かなくてはなりませんでした。宇宙に浮遊しているだけでは大きな成長が望めなかったからです。最終的に地球を選択した理由は、物質化された衣を着ても地球は意識の発達にとって変化が予想されるよい環境であるという期待でした。事実、人間は地球でのさまざまな環境の変化の中で、その意識をすばらしく発展させてきました。

一方、物質の利益を受けるにつれて意識から発達してきたことを忘れ始めてきたことも事実です。

地球に生まれた当初、人間と私たちはいつもよく交信していました。最初は肉体の衣を着ていても、それには関わりなく私たちと自由な会話をしていました。感情的な表現をとらなくても伝わる関係だったのです。私たちはいつも人間のそばにいて、自由に会話をしていました。

なぜ皆様は私たちのことをそのように心配するのですか。私たちはたとえ昔宇宙を漂う意識だったとしても、地球で肉体を持ち、十分に生活を楽しんでいるのなら、それでよさそうにみえるのですが。

皆様からは私たちが、はぐれて迷っているようにみえるのでしょう。でも、私たちは好き勝手に生きていると言ったのならどうなりますか。

――本当にそう思われますか。

実はよくわからないのです。私たちは皆様の言うとおりの存在かもしれません。たまたま肉体を持ち、地球で有頂天になって、昔考えたことを忘れてしまったのかもしれません。皆様のお話を聴くとそのようにも思います。しかし一方で、それはすべて私の脳がつくり出した世迷い事だと言う人もいるのです。私にはどちらが本当か正直わからないのです。

――あなたはたくさんの不思議な経験をしたし、私たちの声をこれだけ聴いてもわからないとおっしゃいます。地球の人の多くは同じことを言います。しかし、肉体を離れる瞬間に私たちに救いを求めます。どのように生きたらよいのかと。

今、あなたは私たちにどのように生きたらよいのかと尋ねておられます。私たちの声を聴いてどのようにしたらよいのか迷っておられます。迷わず発表してください。あなたの迷いは地球に住む人の迷いだからです。迷ってもなお、私たちの声がはっきりと聴こえることをお話しください。昔、人は私たちの友達だったことを思い出してください。証拠は何より、今こうやってあなたが私の話を聴きとっていることです。あなたは自分の意識で、自分の脳で、私との会話をつくり出していますか。そのように思えますか。

いいえ、全くそのようには思えません。この会話をそのように考えることは全くできません。

・

――ではあなたは、私たちがどこにいるとお考えですか。

わかりません。どこかにいるけれど、私には見えません。

――あなたの目の前におります。しかし、あなたには見えません。あなたに全力で話をしています。私たちは今、全精力を傾けてあなたに話を伝えています。なぜなら、私たちはあなた方に私たちの存在を伝えることが使命だからです。人が私たちと同じ意識であることを感じていただければ、人間の生き方が変わると確信しているのです。

それは皆様にとっても私たちにとっても大事なことなのですね。

——そのとおりです。

ありがとうございます。

宇宙の意識

肉体を捨てた意識

私たちが日頃考えていることについて質問します。私たちが疑問に思うこと、例えば、生命はどのようにして誕生したのか、百年後の地球の姿はどのようになるのかということを皆様は私たち以上によくわかるのでしょうか。

——わかることもあります。それは人が経験していないことを私たちは既に経験していることもあるからです。また、人間とは違った進化をとってはいますが、多少予測がつくこともあります。けれども、はっきりとわかるわけではありません。私たちのできることは、あくまで人間がこのように進化するのではないかと予想することです。最終的に方向を決めるのは人間自身なのです。

将来を見通すことができるということは、危険を避けることができるということでしょうか。

——ある面ではそのとおりですが、ある面ではあたっていないのです。

あたっていないというのはどういうことですか。

——あなた方の将来は、多様な道を選ぶことができます。決意次第では宇宙史上経験したことのない進化の形をとることもあります。どのように決意して進化していくのかを決めるのは、あなた方自身なのですから。危険を冒して新たな星へ行くことや新しい技術を開発して、今とは違う形の社会生活を営むことがあるかもしれません。そのような自由を人間は手に入れていますから、今後の姿を見通すことは難しいと言わざるを得ません。

なぜ皆様は私たちのように肉体を持たないのですか。

――持つ必要がないと考えた理由は単純です。肉体を維持することができない状態に置かれていたからです。私たちのいた星は、大気も水も光も肉体を持って生活するには不十分な状態となりました。私たちの種は何とかして生きていく方法を考えねばなりませんでした。

私たちの種が生き抜くときに、私たちは何が必要で何が不要かを選ばねばなりませんでした。意識を捨てることはありませんでした。意識は一番重要なものと考えられました。次に肉体の維持が必要かどうか考えなくてはなりません。食糧や空気は肉体にとって必要不可欠でした。しかし、肉体を維持するための必要量を得るのは難しくなってきました。私たちは短期間で生き延びる方法を決めなくてはなりませんでした。

一番大事なことは、どのような形態になろうと意識を存続させることでした。意識を入れる容器を最終的には捨てようとする意思が集団に働きました。なぜならその当時、私たちは肉体を維持することが困難となり始めていました。

結局、私たちが選んだのは、今の宇宙に浮遊して意識として生き続けることでした。選択する余地はもはや残っていませんでした。今よりはるかに宇宙での温暖化が進んでいたのです。私たちは長い時間をかけて宇宙が冷えるのを待ちました。しかし、冷えるどころか宇宙空間は熱を帯び、生物が生きるには厳しい環境となりました。その時代に体を捨てることにより、生き延びることを私たちは選んだのです。

肉体を捨てることによる不都合はありましたか。

――もちろん最初は混乱したり、戸惑ったりしました。なぜなら今まで肉体を通して外界に働きかけていたものが意識そのものとなり、保護されることもなく裸で存在することになったのですから。

当初は肉体を持っていた頃のように、移動するときや生活をするときの記憶が残っていました。しかし、どのような環境にでも意識は適応するものです。すぐに宇宙空間の中で浮遊しながらも移動したり、通信したりする術を覚えました。肉体がないため、直接の意識の交流が行われました。また、私たち自身のコミュニケーションは非常な勢いで進展しました。

生活上の変化はありましたか。

――肉体を移動する必要はありません。肉体を通して感じていた意識は外部の宇宙空間にさらされましたが、意識そのものは変化することが難しくなりました。

変化が難しいのはなぜですか。

――地球のような場所で、さまざまな物質を通して変化してきた意識は、宇宙空間にある一定のゆりかごの中に置かれたような状態になりました。そこで意識は変化したり成長したりすることが難しくなりました。あなた方のように悩んだり苦しんだりすることが少なくなりました。

悩みが少なくなるのはよいことではありませんか。

――いいえ。成長する機会が少なくなり、意識の活力が失われ始めました。例えば雌雄の区別がなくなることは、恋を語ることがなくなったということなのですから。

それは悩みですか。

――いいえ。私たちは新たな成長の機会を探すことになりました。

成長の機会とは何のことですか。

――私たちの生活に関心があるのですね。体を離れた意識が成長するために考えたことは、どのようなことだったのかに関心があるのですね。

はい。

――それは宇宙の意識との出会いから始まりました。

皆様は宇宙の意識そのものではないのですか。

――いいえ、違います。私たちは肉体を捨てた生物です。宇宙の意識と私たち生物の意識とは違うものです。

皆様は宇宙の意識と出会ってどのように感じたのですか。

——生命誕生の謎は、すべて宇宙の意識が握っていました。宇宙の意識そのものが私たちの生存に大きく関わっていることがよくわかりました。
もし私たちの発達の仕方が宇宙の意識から離れたものであれば、私たちの発展は望めません。宇宙は限りなく調和しているわけですから、その調和の中に私たちもいることがよくわかります。私たちがあなた方の成長のためにメッセージを送るのも、その基本にはこの宇宙の意識が働いていることを覚えておいてください。

それで宇宙の意識と出会ってから、どのように変化をしたのですか。

——具体的な変化の一つひとつを説明することは難しいのですが、おおまかに言うと、それぞれの意識は活力を得ました。宇宙の意識と出会うことにより、私たちはより積極的に他に働きかける存在になりました。

具体的にどのような活動をされたのですか。

――宇宙には多くの種類の生物が生存しています。それぞれが自由に生存しています。その生物に対して、より生存しやすいように情報を送るようになりました。

例えばどのようなことですか。

――人間が夢の中で楽しいことや善いと思うことを考えたとき、私たちの意識と関係しているということです。

夢の中に現れるということですか。

――そのようなこともあります。あるいは人々の考える理想の中に、私たちは宇宙の意識を織りこむようにアレンジしたりします。

私たちは完全に自由な意思を持っていると言えるのでしょうか。

――そのとおりです。選択するのはいつもあなた方自身です。私たちは選択する材料をその時々に提供しているにすぎません。

その結果として皆様と交流できる。

――それだけでなく、宇宙の意識を理解することが容易となります。

宇宙の意識

宇宙の意識とは何ですか。

――それでは宇宙の意識について私たちの知っている範囲でお伝えしましょう。私たちの知っている宇宙の意識は、私たちが理解できる範囲だけであり、本当の姿はそれ以上にはるかに広いものです。私たちは有限の世界にいる生物ではありますが、宇宙の意識は無限のかなたにあるものです。

無限のかなたの存在ですね。その無限のかなたの宇宙の意識は何をしているのですか。

――生物の誕生、種の保存のすべてをつかさどっています。あなた方は人間として地球に生きていますが、なぜ人間となるのでしょうか。人間としての意識を持つのはいつからで、どのようにして意識を有するようになるのかを合理的に説明することは困難でしょう。

例えば生物の誕生について科学を通して説明しても、なぜ人間は意識を持つのかを説明することは難しいものです。それは宇宙の意識がすべての生物の進化のもとになっているからです。

皆様はその宇宙の意識と会話をするのですか。

――いいえ、会話をすることはありません。しかし、宇宙の意識の一部を受け取っています。

私たちはその意識を受け取っていないのですか。

――もちろん受け取っています。宇宙に存在するすべての生物は、宇宙の意識の支配のもとに存在しているのですから。ただ、地球の人間より私たちの方がより的確にその情報を受け取ることができます。

なぜですか。

――情報を受け取る必要に迫られたからです。つまり私たちが生きていくためには、地球の人間よりも宇宙の意識と、より多くコンタクトをとらなくてはならなかったからです。

今、皆様はその生存において安定しているのですか。

――安定というと？

戦争のリスクや病気の危険はないのですか。

――幸いありません。しかし、宇宙もまた刻々と変化をしていますので、私たちの存在がこれからも永遠に安定しているということではありません。私たちもまた進化の旅を続ける者たちだからです。

私たちは宇宙の意識をどのように受け取り、どのように活用しているのかをお伝えします。人間は光を通して宇宙のエネルギーを受け取っています。光や大気がなければ生存できません。宇宙の生物は等しく宇宙の意識と反応しながら生活をしています。人が呼吸をしたり食物を摂取したりする源には、いつも宇宙の意識が働いていると考えてください。人間の体は呼吸をしたり光を浴びたりするのに都合よくできているはずです。

私たちもまた同じです。単に意識でありながらも、大気の中にいて太陽の光も浴びています。またあなた方と同じように宇宙の意識を受け取り、宇宙全体のリズムと共に生きています。人が会話するような言葉を使っているわけではありませんが、生物同士はお互いに反応し合い、すべての宇宙の生物はお互いに影響し合いながら生きているのです。そこで私たちの話す内容はその宇宙の意識の一部だと考えてください。それは例えていえば、あなたが庭の草花に水をやるときに、その植物と目に見えない情報のやりとりをしているのに似ています。

人間は私たちとコミュニケーションをとるとともに、宇宙の意識そのものとも意識することなくコミュニケーションをとっているのです。あなた方は私たちの声をかすかに聴き、また宇宙の意識をもっとはるかな心の奥底で聴いているということです。もしそのことを少し理解されるのであれば、私たちとのこのような会話は、より理解されやすいものになると思います。

私たちはそのかすかな声を聴いているのに、その声を意識の上にのぼらせていないということですね。

――そのとおりです。

皆様のようにその宇宙の意識を確実に聴くにはどのようにしたらよいのですか。

――難しい方法はありません。まず、そのような意識が宇宙には流れているということを理解する、共感する、といったことから始めてみてください。

目に見えないものを信じることは、実はそれほど難しいことではありません。あなた方の使っている電話は電波を音声に変えていますが、電波が見えている人はいないはずです。しかし、電波を信じていない人はいません。また多くの電化製品は、電気を他のエネルギーに転用しています。もとは水力や自然エネルギー・原子力を利用した電気エネルギーです。電気エネルギーは目に見えませんが、家庭ではさまざまな用途に使われており、それを知らない人はいないと思われます。私たちのこの会話も、もし適当な受信機があり、そのスピーカーから私たちの声が聴けたとしたら、誰もが私たちの存在を信用するに違いありません。今、あなたの体から出す波動に合わせて私たちは会話していますが、いずれ誰にでも私たちの声が届く日が来ると信じています。この会話を聴きとった方は、心の中で私たちと会話ができることを信じて、受信できる機会をいつも待っていてください。

さらに私たちの願うことは、私たちの言葉を翻訳したり通訳する人たちが増えることです。せっかく受け取られた情報もそのままにされてしまうことがあります。私たちは少しずつ着実に伝わることを願っています。たった一人でも私たちの情報を正確に受け取ることができれば、それは大変な前進となります。どうか私たちとの会話が少しずつ周りの人々に伝わるように努力されることをお願いします。

匂い

——匂いの話をしましょう。地球にはたくさんの生物がいて、それが匂いを放っています。大気の薄い宇宙では、匂いはその場所にとどまることは少ないのです。しかし、匂いは生物にとって生きている証拠のようなものです。匂いを大事にすることと生物を大事にすることはつながっています。

「匂いを大事にすることは生物を大事にすること」について、もう少し詳しく教えてください。

――私たちの世界では匂いがありません。匂いを想像する表現はあります。匂いは生物が生命を営む副産物のようなものです。

皆様の世界には匂いがないというのに、私たちの匂いに注目するのはなぜですか。

――人は地球に誕生してから、その生活を終えるまで匂いを持っています。一人ひとり少しずつ違います。

そう言われても、一人ひとりの匂いを嗅ぎ分けられるほどに私たちは嗅覚が発達していません。

――嗅覚について話をしているのではありません。あなた方の周りには多くの匂いがあります。集中すると、地球上にはたくさんの匂いがあることに気がつきます。匂いに関心を向けると、私たちの声もよく聴こえてくることをお話ししましょう。

匂いに関心を向けると、皆様の声がよく聴こえるというのはどういうことですか。

――はい。人の感覚は、一度に多くをとらえることができません。何か考えごとをしているときには、匂いがわからないことはありませんか。

そう言われてみると、そのとおりです。

――匂いを感じられるときには、この声もよく聴こえるはずです。

皆様の声を聴くことは、生物を大事にすることなのですか。

――匂いを嗅ぐことだけが生物を大事にすることではありません。けれども、生物の匂いを大事にするとき、その生物に少し近づいているということはおわかりになりませんか。

そうかもしれません。花の匂いを嗅げば、その花に近づいたということでしょう。けれども、死臭や腐臭という言葉もあります。よい香りでなくても、その臭いを出している生物に近づいたのでしょうか。

——匂いというのは、生物が地上で活躍した証拠のようなものです。肉体が不用になれば、腐敗し悪臭がします。これも地球上では必要なことです。

生物の匂いを大事にするにはどのようにしたらよいのでしょうか。

——人は匂いを意識の中心とすることは少ないのです。けれども、少し心を落ち着けて集中をして、匂いに関心を向けてみましょう。何の匂いがするのかを感じながら歩いてみることをお勧めします。今まで気がつかなかった生物の表現に気がつきます。また匂いに集中すると、色や明るさといった情報も一緒に入ってきます。積極的に多くの情報を受け入れてみましょう。人間はよい匂いという言葉を使います。私たちのいる世界では、匂いは想像の中に現れる世界です。あなた方の住む地球にある匂いは、宇宙にあってはとてもユニークなものなのです。

疲れ

――人は時々、私たちに疲れたと話します。私たちはあなた方が疲れないように協力したいと思っています。

皆様は疲れないのですか。

――疲れるという表現は、私たちにとってはわかりにくいものの一つです。あなた方はたくさんの人の中にいて、疲れたと話します。多くの人と出会い、それぞれが情報を発信し合えば本来は楽しくなるはずなのに、情報を交信することがうまくいかず、疲れたと話します。その原因は何かわかりますか。

わかりません。

——地球では十人の人がいれば、それぞれの人が考えることは皆少しずつ違うはずです。それぞれに好きな趣味があるように、誰もが少しずつ違った傾向を持って生活しているのですから、違って当然です。しかし、あなた方が生活している社会では、社会が調和して機能するために、できるだけ同じ考えをするように個人個人に働きかけます。その結果、一人ひとり違った考えがあっても、できるだけ同じ考えや一定の方向の行動をとることが強制されます。人間の世界では法律や習慣がその代表的な例です。

そこで人は知らず知らずのうちに自分の意思をそちらに曲げて生きていきますので、当然意識は元気がなくなっていきます。会社や学校に行くと体調を崩す人がいたならば、そのようなことが働いていることに気がついてください。科学技術の進歩もまた人々の疲労を誘っています。

なぜ機械は人間の疲労を誘うのですか。

——機械は人間の意識の流れと無関係につくられているからです。

意識の流れと無関係とはどういうことですか。

――地球の生物は人間の生きていくリズムと調和しています。植物は光を吸収し、養分を地球から吸収して活動します。夜間は静かになります。多くの生物は一定のリズムを刻み、地球と共に生きています。

けれども、人間が使う多くの機械類は人間の意識と同調していません。あなた方は機械と会話することなしに多くの機械を使っています。

多くの現代の人たちは便利さを追求するあまり、自らの生命のリズムを犠牲にしています。私たちのところに悩みを訴えてくる多くの人たちに、生きているリズムとの不調和があります。

どのようにしたらよいのですか。

――地球のリズムと同調することです。

地球のリズムとは、具体的にはどういうことですか。

――多くの地球上の生物や地球そのものは、それ独自のリズムを持っています。人間もまた同じです。
人間は地球上で生きていくときに地球そのもののリズムに反応して生きています。
地球の周期と同一のリズムを刻んで生きています。そのリズムを思い出すことです。

どのようにしたら思い出せますか。

――地球に触《ふ》れることです。大気を土を海をよく感じるように、よく身体で意識で感じ取ることです。現代を生きる地球の人々は、地球に触《さわ》る機会が減っているようです。
ここで言う触る機会とは、意識だけでなく肉体の点が多く含まれます。

意識の点をいつも話す皆様が、なぜ肉体の話をされるのですか。

――あなた方が地球の土地から離れた生活をすると、意識もまた弱くなる傾向があるからです。

つまり、土地や海と接して暮らせということですか。農業や漁業を中心にして生きろということですか。

――生活を変えるべきとまでは言っていません。「機械から離れ、大地や海をごらんなさい」と伝えています。地球では多くの場面で自動車が走っています。都市では便利な生活が一般的です。一方、都市を離れると山羊や羊、牛を飼って、自然と共に暮らす人たちがいます。私たちは都市で生活する人よりも、都市を離れた人たちと多く会話しています。

都市の生活も田舎の生活も、人間の意識において変わるわけではありません。しかし、都市に暮らす多くの人たちは私たちと会話するよりも機械と会話をしているようにみえます。一方、都市を離れた人たちは山羊や羊ばかりでなく、家族や自然を大事にして生活しています。私たちともよく話をします。その人たちは都市に住む人たちのように疲れたということを話しません。

私たちからみると、都市にいる人たちが便利な生活をすればするほど、私たちとの会話を忘れ、疲れたと話すことが多いようにみえます。たくさんの便利な機械に囲まれた施設の中で、多くの人が退屈・倦怠《けんたい》・失望の中にいます。もちろん都市を離れた人たちの中にも希望を失う人もいます。けれども、都市の比ではありません。

私たちは人間であるあなた方の友人です。都市で生活する多くの人たちがふとその歩みを変えて、隣の人の顔をよく見て、自分の眼前の事物を離れ、空や海や木々をよく眺めさえすればもう少し元気になり、私たちの話を聴くことができるようになると考えるのです。

私たちが疲れていると感じるのはどのようなときですか。

――例えば今、あなたは東京の私鉄の駅にいます。あなたの座っている場所の前を何千人の人たちが通っていきます。その人たちの意識を私たちは感じています。その人たちの思いは、この町から遠く離れた町の人たちと比べると活発ではないと感じられるのです。

具体的に言ってください。

――私は今、アラブの砂漠にいて牛を追う少年と会話をしています。一方であなたの座っている駅舎の人たちの意識を感じています。駅を通り過ぎる人々の多くは疲れたと訴えています。肉体の疲れは牛を追う少年よりはるかに少ないにもかかわらずです。

物質的苦しみが襲っているわけではないようです。多くの人は安定した生活をしています。しかし、通り過ぎる人たちの多くは疲労が激しいことを伝えてきます。

もう少し詳しく教えてください。疲れているのは働いたからではないのですか。

——いいえ、多くの人たちは周りの人たちに受け入れられずに疲労しているのです。周囲の人たちに受け入れられず、管理されていることに疲労しているのです。

それはあきらめているということですか。

——いいえ、あきらめているわけではありません。それぞれに夢はあるのです。けれども、多くの人は心から発する会話をしていないのです。心から安心できる会話をしていないのです。

安心できる会話をアラブの砂漠にいる少年はしているのですか。

——はい、しています。

どのような内容か教えてください。

――それでは少年の話をお伝えします。

アラブの少年の話

私は今砂漠にいて、石の上に座って夕日を眺めています。そばに牛たちがいます。夕暮れが近づいていますから、あと少しで帰る準備をしなくてはいけません。仕事を終えた今、私はいつもこうやって夕日を眺めながら神のことを思うのです。神はいつも私たちを見守ってくれます。今日も一日、牛たちと共に餌や水を得ることができました。これは皆、神のなせる業です。私はこのことを神に感謝しています。

牛のうちの一頭は身ごもっています。大事に育てた牛です。やがて子供が生まれます。父はとても喜びます、母も喜びます、弟妹たちも喜びます。皆、神のなせる業です。私はそのことを深く感謝しています。夕日を見ながら感謝しています。

――これが少年が私にしてくれた話です。

とても清らかな話ですね。

――あなたの住む町には多くの人がいて、駅舎の中を忙しく通り過ぎていきます。皆、疲れた、疲れたとつぶやいていています。誰も今日の一日が美しく輝いていたことを話しません。「空は美しく輝いているのに」と私たちは思います。あなたは疲れながらも「どうか今日の一日が美しい一日になることを」と祈っていました。

それは、朝祈ったことです。

――私たちはそのことを覚えていました。今、あなたの目の前の人たちに伝えてほしいのです。美しい一日があるということを。

どのように伝えるのですか。

――思うだけでいいのです。「ここを通る多くの人たちが美しい一日を思い出せますように、どうか疲れから解放されて周囲の木や草や土に心を通わせることができますように」と思うだけでいいのです。きっとその効果は表れてきます。

意識との調和

肉体と意識の調和

――あなたの体は不調を訴えています。私との会話を記すために疲れをためないでください。体のあちこちが悲鳴をあげています。肉体と意識を調和させることが地球では必要なことです。意識だけに重きを置くのではなく、意識の活動を助ける肉体も休ませてあげてください。

ありがとうございます。今日、教えてほしいことの一つは、人間の関心というのはどのような仕組みになっているのかということです。

――どういうことですか。

はい、私は小さな事務所を経営しています。経営が下手なので、努力しても利益がやっと出るほどです。時には赤字のこともあります。その事務所に仕事がうまくいかない友人や知人がやってきます。私は相談に乗りたくても適切な助言ができません。具体的な方策に欠けているのではないかと思います。

――人にはそれぞれその人に応じた役割があります。あなたには他人の仕事を上手につくり出す才能がないのです。しかし、それだからこそあなたの周囲は温かい雰囲気に包まれています。あなたから発せられる言葉と仕事のリーダーから発せられる言葉は違っています。

どのように違うのでしょう。

――私との会話の中で、あなたに地上のいわゆる仕事をしてほしいと頼んだことがありますか。この仕事をして利益を得てほしいと言ったことがあるでしょうか。

いいえ。

——では何をしてほしいと言っていますか。

意識は存在していて、永遠に成長すること。そして、それを見守っている皆様がいることを伝えることです。

——そのとおりです。そのこと以外にあなたに適することはないのです。だからあなたが私たちの前にいて、私たちと会話をしているのです。

あなたは誰にもない財産を有していることに気がついていないのです。あなたは出会う人々に私たちの存在を説いています。会う人のすべてに愛を伝えています。あなたは身を犠牲にしてまで、私たちと会話をしています。私たちはあなたに感謝しています。このように私たちとの会話を継続して聴きとっていただいていることに感謝しています。

私たちは一人ではありません。多くの意識です。あなた方が想像する以上に多くの者が集まった意識なのです。あなたが精魂込めて私たちと話していることを感じています。あなたが関わるあなたの務めに祝福があることを私たちは祈っています。

どうか今日も美しい空があり、木々の中をさわやかな風が抜けていく風景のあることをお楽しみください。私たちはその中にいるのです。

意識と天候の変化

雨が降り、雷が鳴りました。気象と私たちの意識は何か関わりがありますか。

――大いに関わりがあります。人間の意識の変化が気象にも表れます。

具体的にどういうことですか。

――気象の変化の中に人間の意識が反映しています。そして、さまざまな要素が絡みあって地球上の天気の変化となって表れています。

私たちはその変化を起こしたり、利用することができますか。

——もちろん可能です。

どのように利用できますか。

——天候を予想することがまず可能です。人間の意識と天候の変化との関連はやがてよくわかるようになるでしょう。
また、天候ばかりでなく、自然のさまざまな現象と意識とが関わりあっていることも、やがてよく理解されるようになります。

なぜ今までわからなかったのですか。

——経験を通して知っていた人はいます。例えば漁師の中には、心の平静さと海の波とが関係あると知っている人がいます。山に住む人々は山の神を大事にして生きています。山や海に住む人たちは神を畏《おそ》れることで気象に影響があることを知っています。
海で事故があれば不吉なこととして漁を中止してしまうことが多いのは、そのような理由によります。また、山に住む人たちは山の神によく供え物をします。山の神に愛されていたいからです。山の自然と調和して生活していこうとしているからです。

そのような信仰心を皆様はどのように感じているのですか。

——私たちは健全でほほえましいものと感じています。

何がどのように健全なのですか。

——山に住む人の例をとって考えてみましょう。山に住む人が山の天気が安定していることを願って畑の作業に出ます。山岳地方で暮らしている人は、山の神が怒ると吹雪や嵐を招くと考えています。嵐や吹雪は山の神が怒ったわけではありません。しかし、そこに住む人々の意識は天候の変化に微妙に反映されますから、人々はできる限り山の神に喜ばれる生活をしようとします。

神が喜ぶことは人間の喜ぶことです。私たちはそのように敬虔《けいけん》な人たちをほほえみながら応援しています。

景気と意識

景気の波について教えてください。株価が変動するのはなぜですか。どうして景気の波が来るのですか。

――景気の波こそ人間の意識の流れと深く関係しています。人間の意識の変化こそが世界の景気のもとになっています。商品やサービスが売れるのはその商品やサービスを気に入る人たちがいるからです。その意識こそが品物がお店に並ぶ理由です。パンひとつを例にとっても一方で食べたい人がいて他方でパンを作る人がいる。作ったパンを運ぶ人がいたり、作る人と売る人をつないで調整する人もいる。一つの商品は多くの人の意識をもとに作られていく。そのパンに関わる意識そのものが経済の一つの要素です。

多くの意識の集合が地球の景気の波となって動いていきます。

よく私たちの社会では、景気の波を読んでその流れに乗ることが必要と説かれます。そのことは大事なことですか。

――景気の波は人間の意識の集合です。景気の波に乗るかどうかというのは、意識の集合を意識するかどうかということです。ただ、意識の集合を意識することと、それをもとにその意識の先を読んでビジネスをするということは無関係です。

意識の集合が景気の波をつくると言われます。パンを欲しい人の集合があれば、パンを求める人が多くいて、需要が生まれていきます。需要が多くあり、その需要に応える供給が進むとき、物質が流通して景気がよくなるというのではありませんか。私たちはこの景気の波と関係なく生きていくことができるのでしょうか。

――いいえ、人間の意識がその時代の経済の意識をつくっていきます。およそ人は、地球全体の意識の枠から逃れることはできないでしょう。

つまり、その時代の経済の状況が人の意識を抑えてしまうと言うのですね。

――そのとおりです。自由が大切と思っている人も、仮に自由な意識が物の生産や流通を阻むものであるときには、本来の自由な意識が制限されることがあります。

どのように考えられたらよいのですか。

――まず、意識本来の動きを思い出してください。意識そのものは、景気の波とは関わりなく動いています。

例えば、こちらの仕事の方がもうかるであろうと考えるのは、景気の波と同じ動きです。もうかる方に意識が向くことが悪いのではありません。ただ人間の意識は、何を目標に地球で生きようとしていたのかを思い出してほしいのです。

景気と意識とは必ずしも一致しないというのですね。

――そのとおりです。私たちの関心は、人間の意識が現実的な価値を生み出すということではありません。私たちはそれぞれの意識こそが大事であって、それぞれに光があたっていることを伝えています。

景気は人間の関心がある意識の集合であるとしても、どのような場所に行こうとそれぞれの意識が大事であることを私たちはお伝えしています。意識の集合がどのようなものであれ、私たちは個人個人の意識と関わっていくのです。

なぜ意識の集合ではなく、一人ひとりの意識に関心を向けるのですか。

——それが私たちの役割であるからです。意識の集合に関心がいったとしたならば、それぞれの生物はどのようになるでしょうか。あなた方一人ひとりに、小さな細菌から大きな動物までがすべて関わって地球をつくっています。人間の意識の個々が、輝く地球をつくり出しています。あなた方は一人ひとりが大事な存在なのです。たとえ景気が悪くなり、一人ひとりが食べるのがやっとであっても、あるいは景気がよくて人々が食べることに満足しようと、私たちはあなた方の状況と関わりなく存在しています。

私たちが景気に関心を寄せることは意味がないということでしょうか。

——意味があるかどうかは、あなた方がお決めになることです。私たちがお伝えすることとは、人間の意識がどちらの方向に行こうと、そばにいて見守っているということです。

二つの求める心

――人は往々にして物にとらわれる傾向があります。ある物に関心を寄せると、その物を欲しくなります。その物を所有したいと思います。そこでお店に行って買おうとします。鉛筆でもカバンでもコップでも、そのように人は考えます。そして、多くの人が考えるとその考えが大勢の人に伝わって、ある意識の流れができます。その意識の流れこそ流行と呼ばれます。けれども、流行はやがて消えていきます。なぜだかおわかりになりますか。

飽きるからです。

――そのとおりです。意識の向き方が変化していくのです。関心が他の方に向くのです。けれども、そこにある意識そのものは変化したのでしょうか。

私たちは普通、「心が変わった」と言っています。

――心が変わったとしても心そのものがなくなったわけではありませんね。その心の中はどのようにつくられているのでしょうか。なぜ心は変化したのでしょうか。なぜ人は好きだったものや関心を寄せたものに飽きるのでしょう。

わかりません。

――大事なことです。人間の心の中にはいつも変化を求める意識と、変化のもとにある変わりないものを求める心とが二つともあるのです。

心の中に二つの気持ちがあるのですか。

――簡単な例えです。赤ん坊はとても愛らしい存在として生まれてきます。人間ばかりではなく、馬や犬、猫、皆とても愛らしく生まれてきます。育てられるのに必要な形態を動物の子供はとっているのです。かわいいものを好きだという感情を動物は持っているのです。

一方で、自分の赤ん坊ですら成長すれば厳しく扱い、時には競争相手と考えるのも動物たちです。人間も動物も意識の傾向は変化していきます。しかし、一方でかわいいものはいつでも大事にしているのも意識なのです。流行を追うのも人間であり、流行から離れるのも人間です。その心の変化こそが生きていく源泉だとお考えください。

皆様は私たちに変化を求めるなと言っているのですか。それとも変化しろと言っているのですか。

――いいえ、どちらも言ってはおりません。人が自分の気持ちのあり方を知ることは大事なことです。そして、その中に変わらないものを求める気持ちこそが、私たちと交流できるものと考えています。

なぜ人間の意識の変化ではなく、変化しないことに関心を寄せるのですか。

――今の質問にこそ、私たちがなぜ存在しているのかという大事なヒントが隠されています。

私たちはあなた方と共にいます。あなた方が人間と呼ばれる以前から存在しています。ですから、あなた方の意識の変化には関心があります。

しかし、人間が発達してきた第一義的な要因は、変化を離れて私たちの中に流れる意識をくみ取ろうとしたことにあります。私たちの意識もまた神のつくったものです。神という言葉はここでは宇宙全体を貫く意思です。あなた方は私たちのその意識をくみ、少しずつ長い時間を経て成長してきたのです。この成長の意思こそ私たちと人間をつなぐ大事な鍵と考えています。
もう少し説明すれば、人間のもとになる変化の意識の奥底には、私たちへの関心、私たちの心の中に流れる宇宙の意識との同調があると考えています。そこで、①変化を求める心、②変化を離れて真理を求める心、この二つの心の総体を人間の心として私たちは理解して、共に長い時を経て成長してきたのです。

私たちの意識は、変化を求める心と変化を求めずに真理を追求する心とを持つとお聴きしました。

――真理といえるかどうかわかりません。変わらないもの、普遍的なものです。

どうして人間の心の中はそのような対立する心を持つようになったのですか。

――あなたのご質問に対してお答えするのは難しいところです。あなたの心の中で変化を求める心と普遍的なものとは同等に存在しているのです。
人間は物の変化を追い求めていながら、物の変化の奥の変わらないものも同時に探しているのです。死んだ人を葬り、墓に入れます。もし物の変化のみを考えていたなら、死者を葬ることをするでしょうか。物が壊れたと考えるだけだったら人の死を悼んだり、花を供えたりするでしょうか。ただ習慣だけだとしたら、葬儀を大事なものとは考えなかったでしょう。それは何より人間は変化とともに普遍的なものを感じているからに違いありません。

意識の変化と成長

私たちは新しいことに興味を覚えたり、関心を持ってそのことを眺めたりします。しかし、しばらくすると新しいことも慣れてしまい、関心が薄れてしまいます。それはどうしてなのですか。

――何についてお尋ねですか。人間の心理でしたら心理学を勉強されるとよいでしょう。

はい。私は友人や親族を亡くしたとき、しばらくはとても悲しい気持ちでいっぱいです。その人の姿や話した言葉を思い出します。はっきりと思い出すことができます。しかし、しばらく時がたつと他のことに関心が少しずつ向き、死んだ人のことを思い出せなくなります。

――意識の不思議さはそこに隠されています。意識はそこにとどまらず、成長していくのです。あなたはきっと亡くなった人を偲《しの》んでいるのに、少しずつ忘れていくことに思いを寄せています。あなたのその意識こそが、人間を人間としているものと覚えておいてください。

意識が変化することと、そこにとどまろうとすることの相克こそ、人間が芸術として表しているものの一つです。もしあなた方が亡くなった人のことを思い出さなかったとしたら、どのように感じられるでしょうか。もし成長と進歩のみを是として周囲が変化していったとしたら、世界はどのように変わるでしょうか。

あなた方の世界はその技術によって、情報が世界の隅々まで伝わる時代となっています。そこでは今までの生活と違う速度で変化が伝わっていきます。人間の言葉で言えば、文化や伝統、習慣が一つの地域から他の地域へと伝わっていきます。人間は地球の生活の中で新しい時代を迎えています。

何が新しいのですか。

――意識の交流が盛んな時代になっていくということです。

皆様と私たちとの交流ですか。

――いいえ、人間同士の交流です。情報機器の発達のおかげで、地球の隅々まで一人ひとりの持っている情報が伝わる時代になったということです。例えば四百年前の地球では、あなた方の誰かと話しても、その話はその地域周辺にしか伝わらなかったのです。

しかし、現在ではあなた方が話した内容は、世界のあらゆる地域の人々に伝わっていきます。このことは人間の歴史にとって新しい一ページとなるでしょう。

私たちはそのときにどのように生きていけばよいのでしょうか。

――私たちから受け取った情報を逐一正確に流していってください。情報はつまるところ、人間の生きるためのエネルギーだということを感じていただきたいのです。

私たちが変わらずに伝えているのは、人は生命であり、意識であり、私たちや宇宙とつながっているということです。あなた方の世界の中で最も交通の往来が不便な場所でも、あるいは大都会の一室でも、同じように私たちとコミュニケーションをとることができること、地球とそこに存在する生物と私たちとは、お互いに影響し合って成長し続けていることをあなたに伝えていってほしいのです。

私たちのメッセージを、多くの方が受け取ることができます。また周囲の人々に伝えていくことが可能です。誰もが私たちと交信できるはずです。しかし、現実は心の中の受信機を調節しないと、まだなかなか地球の人には伝わらないのです。一度このように回線が通じ交流が可能になると、ちょうどあなたの家庭に電気や水道が通じるように、人々が情報を正確に受け取れるようになります。

まだ一人ひとりは半信半疑の状態で、私たちと交流できることを信じる人は地球でもほんのわずかです。これだけの量の交信記録を発表してもなお、人々の間では不思議なこととして受け取られるでしょう。けれども携帯電話ができるまで、人間は雑踏の中で友人と簡単に出会えるようになるとは、想像できなかったのです。しかし、私たちは「携帯電話を持たなくても遠くの他人と心の中の会話を交わすことができる時代が来る」と言っています。

どのようにしてやってくるのですか。

——あなたのような人がやがて多くなってきます。私たちと話のできる人間が増えてきます。少しずつ回路ができあがるように、一人ひとりと会話をする内容と量が増えていきます。そして、ある一定の人数の人たちと会話ができるようになると、電気が一斉にともるように地球のほとんどの人が私たちと会話できるようになっていきます。

それまでに何か訓練が必要ですか。

——いいえ、何もいりません。携帯電話を使うのと同じです。聴こうと思えばいつでも聴こえるのです。話の内容が伝わると、人々の意識は私たちの方へと向かいます。

その中に間違いや戦いの意識など入ってきませんか。

——私たちと交信してきて、そのような意識を持たれたことはありますか。

いいえ、全くありません。

――誤解されるといけませんので、もう少し説明します。私たちはあなた方に一方的にお伝えするだけの意識ではなく、あなた方の意識を反映した存在です。

意識を反映したとはどういうことですか。

――私たちは確かに存在していますが、人の意識の中に存在している共通したものと反応しています。

共通したものとは何ですか。

――愛情、友情、周囲に対する思いやり、仲間を励ます心、時に真実や真理と呼ばれているものです。学問や政治が長い間求めてきたものです。

つまり私たちが友情を求めれば皆様は友情を感じ、私たちが敵意を持てば皆様も敵意を持つということですか。

——単純に言えばそのとおりです。しかし、私たちは敵意を持つことはありません。

なぜですか。

——それだけの歴史を経て、私たちは成長してきたからです。成長と変化の中には大いなる失敗の経験を持っているからです。私たちもまた闘争と戦乱の苦しい歴史を持っているからです。戦乱で孤児となった悲しさを私たちも持っているのです。

皆様はその意識を私たちに伝える中で、何を夢としているのですか。また何を希望としているのですか。

——よくお尋ねになりましたね。私たちはいつも人間の成長を楽しみに生きているのです。人間が宇宙の意識を通じて平和を目指し、宇宙と共に生きる意識を理解し、たゆみなく成長していく姿を私たちは喜んで応援しているのです。

なぜ私たちの成長を応援することが皆様の喜びなのですか。なぜそのことを使命としているのですか。

――やがてあなた方も私たちと同じことをするようになります。宇宙は生命の成長によって成り立っています。先に生まれた命は次の命にエネルギーを伝えることによって、その生命を全うするのです。やがてそのことを人間が自ら感じる時代が来ます。決して私たちだけが特別の存在ではなく、やがてあなた方人間が果たす役割を先に私たちがやっているにすぎないのです。驚くことはありません。宇宙のあらゆるところで、このように生命は他の生命を保護し育成しているのです。

あなたはなぜ宇宙はあのように美しいのか、考えたことがありますか。もし意識的な活動がなければ、宇宙はゴミの山となってしまいます。意識的な活動があるからこそ、宇宙は美しく整然としているのです。宇宙から地球を眺めてごらんなさい。どれほど美しいか、あなた方は知っているでしょうか。人間が肉体を離れ、意識そのものとなったときに地球を遠くから眺めることができます。そのときにどのように感じるのでしょうか。ほとんどの人はその美しさに感嘆します。その美しさに対して畏れを抱く人もいます。多くの意識は感動してそのまま地球の風景を心に焼きつけようとします。あなた方がそれまでに抱いていた地球での意識から離れようとし始めます。小さな意識同士のトラブル、物への執着、すべて地球の意識の下で行われたものです。

地球を遠くから眺めたとき、意識は急速に変化し始めます。今まで持っていた怒りや失望から離れ始めます。多くの意識は自分の殻を脱ぎ、新しい道を探し始めます。それが新しい出発となります。


私たちはまだそのことがよくわかりません。


――それは仕方のないことです。人は肉体の中に閉じ込められ、地球の中にいなくてはなりません。しかし、私たちの伝えることの一つでも理解しようとしてください。このような会話の一つでもあなたの友人に伝えてください。

私たちは生きていて、なお成長している意識であり、あなた方の友人であることをお伝えしたいのです。

人の心の底には、美しいもの・正しいもの・善いものを求める気持ちがあります。それは長い歴史の中でずっと人間が持ち続けたものです。その心の底の真理を求める心こそ、今あなた方と私たちが会話をしている基礎にあることをどうぞ理解していただきたいと思います。私たちもまた人間と同じ意識体であり、真理を追い求める生命なのです。

詩について

寒い夜

寒い夜に一人　私は思う
私はあなたの側にいるのだろうか
寒い夜に一人　私は思う
私はあなたの側であなたを思っているのだろうか
寒い夜　私は一人
あなたもまた　一人夜を見上げて
私のことを思っているのかを考える
あなたも私を探し求め

夜の静寂《しじま》の中にたたずんでいるのだろうかと

――よい詩ですね。人間と私たちの関係を詩にしています。私たちにはよく理解できる詩です。私たちも返事の詩を贈りましょう。

宇宙を越えて

宇宙を越えてあなたはやってくる
宇宙を越えてあなたの声は届く
時に悲しみの声であり
時に私たちの存否を尋ねる声がする
私たちはあなたの声を笑いながら聴き
過ぎ去った私たちの影を思い出す
あなたの声が真剣であればあるほど
私たちはあなたがとても愛おしくなり

精いっぱいの情熱を傾けて伝えようとする
私たちはあなたと共にあり
私たちもまた成長していることを
あなた方は寒い夜の中にではなく
優しく見守られた宇宙の羊水の中にいることを
ただひたすら信じてほしいことを

喜び

あなたを知らなかった
あなたがどこにいるのか　知らなかった
自分が何者であるのか　知らなかった
仲間がいるのを　知らなかった
先祖とつながっているのを　知らなかった
地球の生物と共にあるのを　知らなかった
宇宙の生物と共に生きているのを　知らなかった

死んだ者が伝えてくる話を　知らなかった
私たちはあなたがそばにいるのを　知らなかった
私たちはあなたが共に悩むのを　知らなかった
私たちはあなたが共に生きているのを　知らなかった
あなたが共に苦しんでいるのを知らなかった
あなたが私たちを愛しているのを　知らなかった
今あなたを知らなかったことに気がついた
迷い続けていたことに気がついた
迷っていたことに気がついたとき
遠い夜明けを想像した
私たちの喜びは始まった

——よい詩ですね。私たちと出会ったことを喜びとしているのですね。ありがとうございます。私たちもお礼の詩をうたいましょう。

喜び

あなた方は私たちと出会って喜んだという
私たちはあなた方と出会ってから
私たちもまた愛情が深く広がることを知った
愛情はそこに留まることはなく
深く広がることを知った
宇宙の生物は互いに優しく響きあい
お互いの成長を支えようとする
私たちもまたあなた方の喜びを感じて
宇宙に響く平和の鐘を
大きく打ちならそうと
願っているのだ

——詩を作るのはあなたの方がうまいですね、私たちは思想や感情を詩という形に直すのは得意ではありません。

なぜですか。

——なぜかと問われると困るのですが、詩という形でコミュニケーションをとっていないからです。あなたの作る詩は、感情や思考を適切な形で置き換えたり、創造したりして伝えています。実はそうした作業は私たちのような存在にとっては難しいことです。決してできないということではないのですが、詩を作ることは高度な技術が要求されます。

詩が高度な技術なのですか。

——はい。詩というのは簡単ではありません。私たちの伝達とは相手に対する愛情を伝えることです。愛情は簡単にいえば温かな波動でしょうか。その温かな波動を詩人はさまざまな比喩《ひゆ》や論理で伝えようとします。その比喩や論理を探すのは、実は私たちにとって苦手な作業です。

皆様の中に詩人はいないのですか。

――少ないと言うにとどめておきましょう。また、芸術家は貴重な役割を負っていることもお伝えしておきましょう。

ではは難しいとされる詩についてもっとよく教えてください。

――わかりました。私たちが詩をどのように考えているかをお話しする前に、その昔、人間は詩をどのように作っていったかを少しお話ししましょう。地球の人たちは古くから私たちと会話をしていました。私たちとの会話の中に人々がどのような詩を書き、送ってきたかをご紹介しましょう。まず「産まれた」という内容の詩です。

産まれた

テントの中で女の子が産まれた
風の激しく吹く朝だった
波が激しく躍っていた

松の枝が震えていた
地面がゆっくりと波打っていた
獣の声が二回　遠くでしていた
山の頂から赤い噴煙が上っていった
テントは風で大きくきしんでいた
私たちは地面に座り　祈り続けていた
これから女の子が無事に育つことを
部族の生活が今後も穏やかであることを
テントのまわりで神に祈った

――あなた方の先輩が作った詩です。その時代は地球で生活することに困難が多くありました。地震や災害、疫病もありました。人間と他の生物とは今ほど調和していませんでした。そこで人間からのメッセージとして、生命の誕生とその成長を願う詩が多く届きました。また違った詩もご紹介しましょう。

驚き

私たちは何にでもなれることを知った
芦《あし》の野原に寝ていると
芦になれることを知った
鴨の声をまねると
鴨になれることを知った
昔　私たちは野原に寝そべり
野原を渡る風であったのだと
その時に考えた

――単純な詩です。人間はよくこのように他の生物の意識や生き物でないものに託して、自分の感情を表現するようになり、多くの歌が作られました。それは地球の人間の想像力の産物です。次に小さな子供の作った詩をご紹介しましょう。「お母さん」という詩です。

お母さん

どこに行ってしまったの　お母さん
弟のそばにいたお母さん
弟はいつも泣いている
私は小さなたきぎを集めてから
弟の背中をなでてあげる
いつもお母さんがしていたように

どこに行ってしまったの　お母さん
私は土の器にスープをいれて
お父さんを呼びにいく
お父さんは家の外を見てばかりで
私のそばに来なくなった
私の髪をなでてくれなくなった

どこに行ったの　お母さん
わたしはスープを配りながら
お母さんがしていたように
器を皆の手の届くように並べる

――この子供はお母さんが亡くなったあと、お母さんの代わりをして家族を支えます。優しかったお母さんのように生きていこうとします。私たちは彼女が私たちに向かって「お母さんのようになりたい」とつぶやいたことを知っています。まだ幼い弟がいて、お父さんも悲しんでいます。女の子は皆を悲しませまいと一人で家族を支えようとします。

私たちはその女の子のそばで、できる限り応援しようとしました。

お母さんはその子に話をしていました。「あなたが部屋の隅でお母さんに話しかけているのを知っています。あなたの声はお母さんに届いています。あなたがよく働いていることをお母さんはいつも応援しています。あなたが寝ているとき、私はいつもあなたの髪をなでています。あなたが弟を支えていることもよく知っています。あなたが家族のことを思っていることを誇りに思って、髪をなでています」

理解と想像力

――あなた方は変化をどのように感じているのでしょうか。どのようなときに変化を感じるでしょうか。

私たちは生まれたときは赤ん坊と呼ばれます。少し成長すると子供と呼ばれます。さらに成長すると大人と言われ、年をとると老人と呼ばれます。

――それはおおむね年齢によって区別されますね。その時代ごとに違った特徴を持っていますし、体も変化します。人はその変化に対してどのような感情を持っていますか。

赤ん坊のときは母親を追い求め、保護されることで安心し、保護者がいなくなると不安になりました。子供になるとよく遊びました。自然の中で友達と遊び、楽しく過ごしました。大人になると少しずつ考えるようになりました。社会との関わりや集団や組織について思いを巡らすようになりました。そして老人になると、死ぬときが迫っていることや力の衰えていることを感じています。

――あなたは今、どの時期にいますか。

私は大人であり、まもなく老人と呼ばれる年齢になろうとしています。

――その中で何を変化と感じていますか。

私の中では年を経ることによって、それほどはっきりとした変化があるわけではありません。大人であるからといって、子供の心を忘れたわけではなく、老人に近くなったからといって、歩いたり走ったりすることは、若い頃に比べてまだそれほど衰えているとは思いません。

――では何が変化したと感じますか。

はい。子供の頃に比べれば、他人が今考えていることを予想するのが少し上手になったと思います。

――なぜ上手になったのですか。

さまざまな経験をしたからだと思います。

――なぜさまざまな経験をすると、他人の考えを予想することができるのですか。

私はその力は想像力に由来すると思っています。他人のことはわからないということは、本当だと思います。今、相手が思っていることが何であるかを正確につかむことは、誰にとっても難しいことです。しかし、相手の気持ちを想像することは誰にでもできます。正確に全部を知ることは難しくても、何度か訓練すると相手の気持ちに近づけることに気がつきました。

――それこそ想像力を働かせて相手の思うことに近づいていくことです。それは、私たちが普段、何げなく行っていることです。

皆様は想像力など使わなくても、私たちの気持ちが直接わかるのではないのですか。

――いいえ、違います。私たちもまた大いなる想像力を駆使して、あなた方と話をしているのです。

どういうことですか。

――あなた方の感情が何の努力もなしに読み取れるとしたら、このように交信をするでしょうか。人間の不安な状況を理解するのは、私たちの想像する力によっているのをご存じでしょうか。

私たちは物のない世界にいて、肉体を持たない者たちです。人間の悩み苦しみを理解しようとしても、そこにはおのずから限界が生まれます。

限界とは何ですか。

――あなた方の生きている場所は地球という物質的な世界です。たとえどのように話をしようとも、その世界の住人は人間であり、悩み苦しみはあなた方人間の世界で生まれてきます。私たちの世界の出来事ではありません。想像力こそが唯一、私たちにとってコミュニケーションをとるときの大事な方法だということを心にしまっておいてください。

千年の手紙

自由についてお聴きします。私たちの考えている自由というのは、いったい何なのでしょう。

――わかりやすく尋ねてください。あなたは自由をどのようなものと考えているのですか。

私は習慣や規則に縛られない心の状態だと思っていました。けれども、そのような状態などないと思うのです。例えば今、私はこうやって皆様と話をしています。こうやって話をしていることを信じている人は少ないのです。

――少ないというよりもいないのですね。

多くの人に声をかけても反応がありません。

――それは仕方のないことです。あなたが体験していることを他人は経験していないのですから。一つよいアドバイスをしましょう。人はあなたのことが理解できないのです。あなたが話している言葉がわからないのですから。

私は同じ言葉で話しています。話している内容は首尾一貫しています。何がどのようにわからないのでしょうか。

――あなたが話している言葉は私たちの世界で使う言葉です。あなたが生きている世界で使う言葉と違うのです。

言葉が違うというのは例えですか。それとも何か違った意味があるのですか。

――もちろん例えです。あなたが使っているのは地球の言葉であっても、その内容が地球の世界の習慣や一般的な考え方から大きく離れているので、理解されにくいのです。理解されにくいことにあなたは深く失望しています。私たちはその感情をよく理解しています。
湖の表面に石を投げ入れると、波紋はゆっくりと湖面全体に広がっていきます。たった一つの石は、湖面全体にその存在を伝えることができることを知っていますか。理解されないことを嘆くことはありません。あなたは表現した。しかし、周囲の反応がなかった。そのような状態があると考えてください。その状態が普通なのです。反対もないが、賛成もない。あなたは一人取り残されるといった心境ですね。

そのとおりです。

――私たちはたゆみなくあなた方に話しかけています。雨の日も風の日も、また喜びの日も悲しみの日にも、私たちはあなた方のそばにいていつも静かに話しかけます。いつ振り返ってくださってもいいのです。いつ私たちの姿を見つけてもいいのです。私たちはいついかなるときもそばにいるのですから。

なぜそのように寛大な気持ちでいられるのですか。皆様はいつもそのように落ち着いているのですか。

――宇宙が美しいのは、美しい意識でできているからです。人々の心の中は、宇宙の意識と重なりあっているのです。私たちが寛大なのではなく、もともと意識の本質はそのようなものだということを心に留めておいてください。

私が悲しんだり苦しむのは、滑稽《こっけい》だと言うのですね。

――いいえ、人間が私たちと話をして苦しむのは普通のことです。私たちは人間の世界にいるわけではありませんから、現実に地上で生きている人々にとって理解し難いことは想像がつきます。だからこそ、こうやって多くの話をするのです。非常に単純な内容だからといって、理解されやすいわけではありません。単純ではあってもあなた方が日頃考えていることと大きくかけ離れていれば、理解し難いということはよくわかります。あなたが力を尽くして周囲に話をしても、無視されてしまうというのは普通のことです。

それでいいのでしょうか。

──善悪の判断は私たちにはありません。あなた自身がお決めになることです。あなたは何をどのようにしたいのですか。

今、このような話を一人でも多くの人に伝えたいと願っています。

──大丈夫です。少しずつ伝わっていきます。聖書の中に「すべてのわざには時がある」という一句があるのをご存じですね。私たちとの会話を理解される時がありますそれはまだ少し先のことです。

そのときに人間の生活は変わるのでしょうか。

──人はどのような暮らしをしていますか。それぞれが自由に生活をしていませんか。国王が威張っていますか。住居は穴蔵《あなぐら》ですか。税の徴収が厳しくて夜逃げしなくてはいけませんか。砲弾が頭の上をかすめていますか。
今ある生活は人間の意思がつくっていることに気がついてください。普段何げなく利用している電化製品も、あなたが使っているペンや用紙類も人間の知恵の産物です。人はその知恵を活用して、現在の生活をつくってきました。そうであれば、やがて私たちとの会話も人々の中に少しずつ染みとおっていくことが理解できるのではないでしょうか。
何も苦しむことはありません。また、あなたの活躍も無駄ではありません。ちょうど湖に石を一つ投げたように、静かに広く伝わっていくに違いありません。あなたのつくった「千年の手紙」という詩はよくできています。

千年の手紙

千年前の詩人は旅をした　永遠の伴侶を求めて数百年
男たちは厳しい顔つきをし　武具を携えて町を歩いていた
河原に死体が転がっていて　寺には仏の札を求める人があふれていた
女は遊行僧《ゆぎょうそう》の後をついて踊り　家にはもう戻ってはこなかった
男は一人膝を抱え　柿の実をにらむばかりだった
この時代に暮らすのは難しいと　詩人は感じ始めた
辺りを包む読経《どきょう》を聞いて　千年後の世界に行くことにした

あれほど仏を求めたのだから　人々は安心の境地に近づいていったに違いない
そこは土埃《つちぼこり》の舞う戦場だった
一人の若者が恋人のことを考えていた
「他人を殺したくない」と手紙に書いていた
祈りながら※「自分の骨を愛する」とペンを走らせた瞬間
見事に敵の銃弾はその骨を射抜いていった
若者の魂は宙に舞い　恋人のもとには届かなかった

戦場の血煙から離れたくて　明るい時代に逃げ込んだ
町は見事に整備され　人々は形の良い服を着て歩いていた
空には鳩が飛び　川は静かに流れていた
詩人が少し愉快な気持ちになったとき
白い大きな建物の中に　一人の男がベッドで寝ているのに気がついた
男はまもなく死ぬ運命だったが　頭の中は株の計算でいっぱいだった
そばに一人女がたたずみ　その深く暗い顔つきは孤独と不安をあらわしていた

これが千年を旅した結果

人間の親密な関係などありはしない
戦争と破壊　競争と混乱　失意と悲しみ　離別と沈黙
詩人は千年後に手紙を送ることにした
「きっと出来るに違いない　総《すべ》てをなげうってつくった恋の歌は　いつか人と人とを深く結びつけるに違いない
あなた方は刀をペンに変え　紙を携帯電話に置き換えたのだから
その力で不安を恋心に変え　さらには孤独を人々への思いで満たせるに違いない
届かなかった理想は　やがて心ある人々の手で必ずかなえられるに違いない
そのために数々の詩を残して準備したのだから」
ところで千年を経た手紙は　もうあなたのもとに届いているのでしょうか？

※「自分の骨を愛する」
竹内浩三「骨のうたう」参照

千年の手紙をもらってから
千年先の生活を考えた
三十世代も先の子供たちは元気に

生活をしているに違いない
三十世代前も元気だったのだから
千年先の子供たちに詩を贈ろう

千年先の子供たちに

あなたは私たちの子供 はるか先の子供
まだ見たことのない子供たちに向けて
一通の手紙を書こう

あなたが今何を考え
どのように暮らしているのかは想像するしかないのだけれど
あなたはきっと私たちと同じような体を持ち
時々体を鍛え スポーツをしたり
このようにコーヒーを飲み 人間関係に悩みながら
おちついた生活を求めて暮らしているのかもしれない

あるいは 食料を得るための労働からはもうすっかり解放されて
小さな錠剤一つを飲めば食事を摂る必要がないのかもしれない

けれど千年前の生活と今私たちの生きている時代とを比べても
人間の心の中心は大きく変わっていないのだから
きっと私たちの考えと千年先のあなたとは共通なところが多いに違いない
千年前も不安があったのだから
千年後も今と違った不安が支配しているのだろう
歴史を支配し続けているのは 不安と安心
マイナスとプラスの揺れ動き
人は智恵を使って創意工夫して生きてきたのだから
限りなく進化するために　これからも不安と安心が交互に押し寄せてくるに違いない
不安も安心も人間のつくり出す幻想だと言う先人もいる
不安と安心　それこそ一つの確かな姿
一つの変化する状態
人間の生死を超えて変化し続ける意識の状態こそ真の姿ではないのかと
千年先のあなたに尋ねたい

もし同じような不安を抱えているのなら
その不安を大事にしてほしい
毛糸でくるむようにその不安を人々への愛に置き換えてほしい
その作業の大切さを
そのまた千年先に伝えてほしい
たとえその時代が戦いにあけくれる日々だとしても
食料を求めてさまよう人が多いとしても
私たちは今この時を大事にしていたこと
人と人とのつながりを求めて
歩き続けていたこと
宇宙から流れてくる言葉を聴いて涙を流した人がいたこと
そのような人たちが千年前にいたことをどうか覚えておいてほしい

千年先の話

私は、以前小さな集会で話をしました。「千年前の生活を考えて、千年先の生活を考える」という題です。

――なぜそのような題を考えたのですか。

はい。私はたまたま千年前の詩を翻訳しました。現代にも通じる価値を持っていることに気がつきました。それと同じように、現代の私たちが千年先でも持つ価値とは何かと考えたのです。

――もう少しわかりやすく言うと、永遠の価値の創造ですね。

永遠の価値というと普遍の真理のようですが、それほど高遠な価値ではありません。

――いいえ、違います。あなたの言わんとすることは哲学的価値、つまり「人はどのように生きるのか」というテーマです。

私にはどのような表現をとるのかは問題ではありません。伝わればよいと考えています。集会は好評でした。意識が世界をつくっているところまではいきませんでしたが、千年前も五千年前も人間の考えていることはそれほど変わらないということは伝わりました。

――意義のある話でしたね。もう少し詳しく教えてください。そこでは、どのような質問が出ましたか。

はい。「千年前の人はどのくらいの寿命だったのか」と聞かれました。六十年以上生きていたと言うと、意外そうな顔をされました。

――人は自分のいる時代を中心に考えていくので、どうしても自分のいる場所によい評価を与えがちです。他の時代の人を理解するのが難しいのは、他を理解する前に自己を保存する本能が働くからです。そこであなたは何をしましたか。

はい。言葉の連想ゲームを通して、人の心の奥で考えていることを皆の前でやってみました。皆、興味を持って作業をしてくれました。

――なぜ好評だったのかわかりますか。

はい、自分のことだからです。自分のことを自分で簡単に分析することができるからです。

――そのとおりですね。誰よりも関心のある自分のことを理解する試みは、好評となるでしょう。似たようなもので、他人に対して行うこともできます。ただし、よく理解しあえる人と行うとよいです。

他にこのような訓練の方法がありますか。

――はい。連想に近いですが、想像の中で思い浮かべる風景を何種類か描き、その意味するところを推理していくことも一方法です。

つまり人間の考えていることは、いつも心の奥底の意識によってつき動かされているのです。けれども、表面の意識は現実の出来事に対応することで処理されていますから、内奥の意識の望んでいることと一致するとは限りません。そこで、現在考えていることから少しずつ離れ、より心の奥底の考えに近づいていく訓練をすることです。

今この会話は、そのような訓練をすることなくあなたの深い意識とつながっていますが、通常地球の人は少し訓練をして心の内奥とつながり、初めて私たちとの会話ができることになります。

では、次のことを教えてください。このような小さな集会はおおむね好評でしたが、現在の意識が世界をつくっているところまで伝わりませんでした。考えている人はいなかったようです。

——それでいいのです。世界は意識でつくられているのだと心の底から納得するのには、多くの経験を必要とします。

第2章

植物との会話

花との会話

花の喜び

今、私はこの静寂なひとときが与えられたことに感謝しています。部屋には涼しい風が流れてきます。家族はそれぞれ活動しています。バロック音楽が流れています。紫のペチュニアが三輪、台所で咲いています。亡くなった家族や友人、親しい友達や家族のことを考えています。このような時があることを感謝しています。

――あなたはとても落ち着いた気持ちでいます。私たちはあなたがそのような気持ちでいるときに話が弾みます。皆様が私たちを受け入れてくださるからです。

私たちは人間が興味のある情報をお届けするだけでなく、交流によって人間が変化していくことを楽しみにしています。なぜ部屋の中で花を育てているのですか。

私の家は都会にあり、庭がないからです。

――花は庭があるから育つのではありません。育てられる空間があれば、どこでも育つのです。人間は物質の中に生きているので、物質を優先して考えがちです。実は私たちの世界でも花は育ち、咲いています。庭がなくても咲いています。あなたは花とあいさつをしていますか。

いいえ。花をかわいく思うことはあっても、あいさつはしていません。

――これからは、人間に会うときと同じようにあいさつすることをお勧めします。そうすると花は喜びます。また上手になると誰もが花と会話をすることができるようになります。

花と話をしている生物はたくさんいるのですか。

――地球でどのような生物が花と話をしているのかはよくわかりません。私たちの世界では、ほとんどの者が花と話ができます。花は話をするのが好きです。

花の好む会話は何ですか。

――色や光です。花は美しい色に関心があります。

花はお洒落《しゃれ》なのですね。

――お洒落とはどういう意味ですか。

洗練されているものが好きという意味です。

――清潔さや明るさという点ではそのとおりです。けれども、それだけではありません。花はとても積極的に生きています。

積極的とはどういう意味ですか。

――地球全体を明るくするのに花は役に立っています。明るくするというのは物質的な意味ではありません。地球上には多くの生物が存在しています。植物の花に魅かれて集まるのは人間だけでなく、鳥や昆虫など多くの生物があります。その花が地球の多くの山々を鮮やかに彩ることはよくご存じのことです。
花は地球で積極的に生きているのです。そして、人間と交流することを望んでいます。

そのことを人間は強く意識していないようです。

——これからもっとよい関係が進むでしょう。花は音楽が好きなことをご存じですか。

花は音楽を好きなのですか。

——鳥の声、風のそよぎ、あなたの好きな音楽もまた、花の喜ぶものです。

初めて知りました。

——花に優しい言葉をかけてあげてください。私たちと同様に感謝とねぎらいの言葉をかけてあげてください。花は喜び、美しく咲きます。どのような花でも、皆同じように声をかけられたいのです。いつも人間の言葉を待っているのです。

花と話をするときには、どのような気持ちでいるといいのですか。

――私たちと話をするのと同じです。心をオープンにしてください。そして花の言葉を待つのです。

今でもできますか。

――もちろんです。あの紫色のペチュニアと話をしてごらんなさい。

花との会話

こんにちは、ペチュニア。

……こんにちは、待っていました。あなたに声をかけられるのをいつも待っていました。わくわくしています。

今、私は部屋の中に流れる音楽を聴いているのですが、あなたにも聴こえますか。

……聴いています。楽しいような苦しいような。

苦しいような？

……人間の悲しむ気持ちが込められています。

そのようなことを感じるのですか。

……はい。私たちはそばを通る人たちの気持ちや、鳥の鳴く声から鳥の気持ちを感じ取ります。

すごいですね。まるで心理学者のようですね。

……いいえ。ただ感じるだけです。私たちはいつも美しくありたいと願っています。

なぜ美しくありたいのですか。

……わかりません。私たちは生まれついてからずっと美しくありたいと願って生きています。

すべての花がそうですか。

……わかりません。私たちの周りにある植物の多くは、美しくありたいと願っています。私たちは風や太陽に向かって、もっと美しくなりたいと話しかけます。

美しいことは皆様の願いだとすると、それ以外の願いはないのですか。

……新鮮な空気や水に触れることは、もちろん願いです。しかし、何より私たちがつくり出したいのは美しさだということをお伝えしたいのです。

誰に対して美しさをつくり出しているのですか。

……誰ということはわかりません。地球のすべてのものたち、宇宙の構成員たちということでしょうか。私たちは誰に対してということは考えていません。なぜ人は誰に対してとお尋ねになるのですか。

私たちはいつも家族や社会、国というような単位で考えています。花は自分の仲間である植物や近くを飛ぶ虫を意識していないのですか。

……あなたの話はよく理解できません。花に仲間はあります。しかし、近くの仲間に認めてもらいたいということはありません。なぜなら、仲間は人間も含めて、すべての宇宙を構成するものたちだからです。私たちは人間だけでなく、星や風や太陽からも美しさを認められたいと思っています。

星や風は生きていないのではないですか。

……生きているとは何ですか。星は生きています。風は話をします。

よくわからなくなりました。けれども、皆様はきっと大きな意思で活動されているのだと理解しました。

もっと話を聴かせてください。花は寂しいと感じることはありますか。例えば台風などで花が散るときは悲しくありませんか。

……散ることも一つの姿です。悲しくはありません。太陽の光を浴びられなくて枯れることもあります。けれども悲しくはありません。

もちろん残念に思うことも少しあります。けれども大きな流れの中で花は生きていることを知っています。一つの花が散っても次の花が育って咲きます。命はいつも続いていきます。だから悲しいことはありません。

私には母親がいました。病気に倒れ、死んでいきました。悲しい気持ちが続きました。そのようなことはないのですか。

……私たちは父親や母親といった考えを持っていません。すべて花です。子供もいません。あなたのように一つの花を見て枯れるのを悲しんだりしません。けれども、人間がその花が枯れるのを悲しむ気持ちを尊いものと思います。

尊い？

……私たちからすれば、とても珍しい光景です。鳥も獣も、死ぬと次の生活に入っていきます。決して周囲の動物たちは悲しむことはありません。人間に近い動物たちは時に悲しむことがあるのかもしれません。悲しむことはとても貴重な感情です。人が葬儀を行うのを見るとき、私たちはいつも厳粛な気持ちになります。

花が厳粛な気持ちになるのですか。

……はい。私たちは人間の葬儀をいつも厳粛な気持ちで見ています。

その他に私たちに伝えたいことはありますか。

……はい。私たちだけでなく、光や風をよく感じてほしいのです。あなたの周りには花だけでなく、やさしく吹く風や暖かい光があふれています。人はあまり私たちの存在に気がついていないようです。もっと私たちを感じてほしいのです。

はい。どのようにしたらよいのですか。

……人間の心はいつも周囲にしか向けられていません。私たちは人間のすぐそばだけではなく、少し遠いところに置かれたりします。ですから、身近なところから少し離れたところに気持ちを向けてほしいのです。

はい、わかりました。少し遠いところに心を向ければよいのですね。

……そのとおりです。そして私たちと話をしてほしいのです。あなたはこうやって私たちと話ができるのですから、そのような仲間をつくってほしいのです。花と話をするのは難しいことではありません。ただ、話をしようと心を向ければいいのです。あなたの周りにたくさんの花があります。その花と話をしたことを仲間の人に伝えていただければ、それでいいのです。私たちは精いっぱい人間と話をします。

はい。わかりました。ところで花はどんな話をしますか。恋愛について興味はありますか。

……関心がありません。私たちは好かれることは望んでも、誰かを追い求めたりすることはありません。

なぜですか。一方的ではありませんか。

……そうかもしれません。そのうちに人間の誰かを好きになることもあるかもしれませんね。

誰かを好きになる、恋をする気持ちはわかりますか。

……恋という気持ちはどのようなものか私たちは知りません。私たちは人間のように家族を持ったりしませんし、共同の生活をしません。

そのような生活に関心がありますか。

……関心を持つのは難しいです。あまりに生活が違いますから。

わかりました。また少しずつ話をしましょう。

第3章

他の意識との会話

スーザンさんとの会話

あなたはどなたですか。

――スーザンです。もう死んだ魂です。あなたに意識の世界を案内するために現れています。

あなたは地上にいないのですね。

――そうです。私は夫を戦争で亡くし、長い間一人地上で生きました。今、私はこちらの世界（意識の世界）で生きています。

何をお伝えになりたいのですか。

――地球で生きているときにも意識の世界とつながることが可能だということを伝えたいのです。

皆様の多くは地上と意識の世界とを区別して考えがちです。それは皆様がこちらの世界から遠く切り離されていると感じているからです。けれども、地球での生活も意識の世界の生活もとても近い関係にあることをお伝えしたいのです。

私は戦争（第二次世界大戦）で主人を亡くしてから、主人と話をしながら暮らしていました。心の中での会話に主人が現れ、生前と同じように話をすることができましたから、寂しいと感じないで済みました。そのとき、地球での生活と意識の世界の生活とは連続していることを知ったのです。

人はこの地球での生活を充実させるために豊かになりたいと思うことが多いのです。人は、この地球での生活が唯一大切な世界と思うのです。そこで、その生活がどのようにしたら豊かで満足したものになるのかに力を注ぎます。けれども、地球上の生活の先に意識の世界の生活が続くのであれば、少し生活の仕方を考え直さなくてはなりません。例えば中学生が進学して高校に進むとしたのなら、どのように過ごすでしょうか。例えば高校生がこれから大学に進学するとしたら、どのように過ごすでしょうか。自分の進路を定め、希望に胸をふくらませて過ごすのではないでしょうか。

地球で暮らしているときに、果たしてこの希望を持ってその晩年を過ごす人がどれだけいるでしょうか。病院で過ごす人、寝たきりでベッドで生活する人、死を宣告された人、刑務所で死刑を宣告された囚人たち、果たして希望を持って生きているでしょうか。人生は地球で暮らす生活だけではなく、連続した生活がそれに続いてあると知ったら、皆様はどのように過ごすでしょうか。

真実を知って、人生が続くことを喜ぶ人もいます。けれども、多くの人はすぐに認めることはしません。多くの人は、魂がその体の中にある間だけが人生と思い込んでいます。魂が肉体から解放され、その人生が続くことがわかっても、しばらくの間戸惑っています。人生が続くことを知って戸惑いが過ぎると、多くの魂は自分が存在していることを受け入れ、新たな旅立ちを始めます。

私は、この意識の世界に来る準備を地球にいるときからやっておくことをお勧めします。まず地球上の世界と意識の世界とはつながっているのに、全くその価値観が違います。物が存在しない世界では、物に頼ることはないということです。人は地球上で生きているときに自分の五感に頼って生きています。目から入る情報は、それが必ずそこにあるものとして考えます。耳から入る情報は、そこにそれが正しく存在するものと人は判断して暮らします。味覚も嗅覚も同じです。けれども、それは一つの感覚であって、こちらの世界に来ると、それもたくさんの道具のうちの一つを使って判断していたことに気がつきます。

何を話しているのかというと、人間が地球に存在しているときには、その器官のみでは死後の世界に人間が存在し続けることを感じることが難しいということです。

人は小さな受信機と発信機で未知の世界の情報を想像するしかないので、意識の世界の情報を得ることは難しいのです。死後の世界があることをこのように話しても、地球で暮らす皆様にとっては、それは特別な生活と思われるのです。けれども、それは誰にでも起こるとても身近な世界であり、その暮らしが、やがて誰にでも始まることを全く知らない人が多いのです。

このように話しても、そのような生活は知らなくてよいと言う人々がいます。けれども、人がその人生を知らなくてよいのでしょうか。植物が小さな芽から成長するとき、大きくなることを夢見ることは大事だと私は思っています。

人が成長していく一つの過程が、地球での生活です。やがて、よりその生命を輝かせる生活があると知ることは大事です。なぜなら、希望や夢はその生命がより成長していく大事な糧であるからです。多くの人はその糧のあることを知らずに地球の生活を送ってしまいます。私は残念に思います。

もし人生が肉体のある地球の人生に限定されていないとしたら、人はより総合的にその成長を考えることができるでしょう。人はその魂を磨くために新しい生活を始めるでしょう。人はその生活の中に占める大事なことを魂が成長するために捧げられるでしょう。

他の魂と共に成長していく場所が地球であるとしたら、どのように過ごすでしょうか。他の魂と協調し合う場所が地球だとしたら、他の魂と競争したり押しのけたりすることに労力を費やすでしょうか。私たちと生活することが本当の人生だとしたら、私たちの大事にしているものを考えることこそ大切だと気がつくのではないでしょうか。

何に気がついたらよいと言っているのですか。

＝生きている命も亡くなった命も同等だと考えることです。地球で暮らす命も地球から離れた命も同時に存在すると考えることです。やがて皆様は、私たちの世界に足を踏み入れるのですから。

わかりました。ではそのように考えることにして、さしあたり何をしろとおっしゃるのですか。

＝まず一日の間に私たちと交信する時間を持つことをお勧めします。人は忙しく働いていて、私たちとこのように話ができると考えていません。皆様は死後の世界を遠く離れた世界と思い込んでいます。けれども、地球での生活は皆様自身の生活の中のほんの一部だと知っている人は本当に少ないのです。

それは皆様の言葉を聴いていないからですね。

＝そうです。私たちの言葉に真剣に耳を傾ける人は少ないのです。私たちの言葉よりも、お金のささやきの方を大事にする人が圧倒的に多いからです。

お金のささやきというのは例えで、現実的な力ということですね。

＝そのとおりです。皆様は地球での生活の有用性にのみ目が向けられて、本来の魂が成長するための糧が何であるのかを忘れがちです。

それは愛を学ぶということだと教わりましたが。

＝そのとおりです。人が互いに愛しあうことはとても大事です。そして地上で生活するあらゆる生物と交信することも、また同様に大事です。
さらに私がお話ししたいのは、多くの人が不安に悩むのは、魂の存在を信じられないからです。何よりも大事なことは、皆様は魂として存在していることです。その感覚を磨いてください。

魂として存在していることが感覚としてつかめると、私の話は特別なものとは感じないで済みます。誰にでもわかる普通の話となります。けれども、地球で暮らす多くの人にとって、私の話はとても奇妙に感じるのです。なぜなら、死んだ人が話す目に見えない世界の話だからです。それにその話を信じても、何の恩恵も受けないと感じるからです。

多くの人は私たちの声を聴いても、すぐには受け入れないのです。今まで考えていたことと遠く離れていることを人は無視していこうと思うのです。理解できないものを受け入れることができないのです。

けれども、ちょっと立ち止まって考えてみてください。地球に生まれて何十年か暮らしたら、なぜ何千年も何万年も続いていた考えを捨ててよいと考えるのでしょうか。なぜ地球の生活以前にも生活があったと考えられないのでしょうか。それは現在の自分を中心にして考えるからです。現在の自分が真理だと考えるからです。しかし、ちょっと翻《ひるがえ》って考えてみれば、自分の現在だけが中心というのはとても頼りないものだということがわかるに違いありません。

皆様の頭の中には、親やその祖先の考えが入っていることに気がつきます。皆様の感情は、自分以外の人の感情が蓄積してできていることに気がつくでしょう。皆様は自分自身が単独でできているのではなく、多くの人々の知識と経験が、あたかもソフトウェアのように準備されていることに気がつくはずです。そのもととなる意識と、地球上で今考えている皆様の意識とはつながっていることをやがて発見するのです。

つまり、地球上の意識とは人間の意識の一部だと言っているのですね。

‖そのとおりです。私がお話ししたいのは、私のように死んだ者として皆様に扱われる魂が、実は生きていて皆様に真実を伝えようとしていることを知っていただきたいのです。

何をお伝えになりたいですか。

‖皆様のそばにいて、地球での生活に希望を失いかけている魂にぜひ伝えたいのです。人生は無限に続くこと、そして無限の輝きのある生活があることを。多くの人々は年をとると、自分を無用の者と思い込みます。多くの人は病気が進むと、自分が役に立たない者と思い込みます。けれども、それは全くの誤解です。人生はずっと続き、その闇を照らす人たちも多くいます。

皆様は私たちのことをすぐに忘れてしまいます。なぜなら、私たちの存在を感じてもすぐに頭から追い払ってしまうのです。皆様の常識に反しているからです。けれども、その常識を疑ってみてください。

地球の生活だけが人生と思い込むのは、金輪際《こんりんざい》やめてください。地球の人生は永遠に成長していく階段の一つでしかありません。その階段の一つのみを大事にするのではなく、階段全体を眺めることが大事です。階段全体を眺めると、地球が一つの生命だと感じ始めます。そこにいる動物も植物も大事な友人であることに気がつきます。地球の環境は宇宙の環境の一つであることに気がつきます。自分の命は他人の命と関わっていることを感じます。そのときに、あなたは何をしに地球に現れたのかに気がつきます。あなたは何のために地球で訓練しているのかを理解し始めます。

地球は愛情を学ぶ訓練所です。多くの生物と暮らし、多くの生物を育む地球学校に皆様はいます。その教師は地球を離れたところから見守っています。その生徒たちが成長していくことを温かく見守っています。

誰一人として大事にされない魂はありません。誰一人として役に立たない魂はありません。

すべての魂はこの地球上で学び、成長していきます。どうか自分が魂であることを感じてください。そして、これからも成長し続けることを受け入れてください。


受け入れると何が違いますか。


＝生活の仕方が違ってきます。何を大事にするのかが違ってきます。

多くの人々は自分たちが魂であることに気がついた途端に、他人を魂として認めることができるようになります。人の価値を物としてではなく、魂として感じ始めます。これはとても大事です。あらゆるところで価値観が変わってきます。

戦争することよりも調和することを人は選択するようになります。得ることよりも与えることに喜びを見いだします。輝くことよりも輝かせることに心を配ります。

生きている場所は愛を実践する場所として見直すようになります。生者と死者を分けなくなります。悲しむ者、苦しむ者こそ魂の動きに忠実な者として尊重するようになります。愛を説く人が皆様の教師であることに気がつきます。愛を実践することが快いことであることに気がつき始めます。

世界中が大きく変わり始めます。地球を愛情であふれる場所にしたいと一大運動

（ムーブメント）が起こり始めます。私たちは皆様の明るい声をいつまでも待ち続けています。

おわりに

『千年を聴く言葉　ボイス1』をお読みいただき、ありがとうございました。

宇宙の生命、ボイスは、何を尋ねても明快に答えてくれました。多くの言葉は深い意味を持ち、人間に対する愛情にあふれていました。読者の皆様はどのような印象をお持ちになりましたでしょうか。

ボイスとの交信は9年近く続き、現在も継続しています。交信の内容も広がっており、今後、続編の出版を予定しています。楽しみにしていただければ幸いです。

なお、原稿入力、編集、校正をしてくださった市毛秀和さん、一般社団法人サルピーノと職場実習生の皆様、㈱三楽舎プロダクションの皆様、その他ご協力をいただいた方々に厚く御礼申し上げます。皆様のご協力で完成しました。

本書が多くの方々の耳目に触れ、生きていく指針の一つとなることを願っています。

著者

丸山牧夫

神奈川県横浜市生まれ。東京在住。

1975年中央大学法学部卒業。東京都教育庁、民間会社勤務の後、独立。

保険代理店㈲シリー経営、一般社団法人サルピーノ代表。

30代より目に見えない存在の声を聴くようになり、文章を書き始める。

時を経て、植物たちとの会話もできるようになる。

現在は見えない存在「ボイス」との交信のほか、亡くなった人たちや木や花など植物との会話を通して、意識の世界の大切さを広めるための活動をしている。

著書に、平安時代の歌人の一生を著した「普賢と相模」（木精書房）平和についての童話「サルピーノ」（木精書房）洗礼者ヨハネの生涯を扱った脚本「メシア」（Kindle掲載）などがある。

一般社団法人サルピーノ

〒171-0022
東京都豊島区南池袋2-27-15
東興ビル3階
TEL ：03-5950-5730
FAX ：03-5950-5726
http://salpino.jimdo.com
salpino_peace@yahoo.co.jp
ご意見、ご感想をお待ちしています。

千年を聴く言葉 ボイス1

2015年12月7日

著 者 丸山牧夫

発行所 ㈱三楽舎プロダクション
〒171-0022 東京都豊島区南池袋2-8-5-202
電話：03-5957-7783
FAX：03-5957-7784

発売所 星雲社
〒112-0012 東京都文京区大塚3-21-10
電話：03-3947-1021
FAX：03-3947-1617

印 刷 所 モリモト印刷
装　　幀 Malpu Design（清水良洋）
本文デザイン Malpu Design（佐野佳子）
DTP製作 アライブ

万一落丁、乱丁などの不良品がございました際にはお取替えいたします。

ISBN978-4-434-21264-2

三楽舎プロダクションの目指すもの

三楽舎という名称は孟子の尽心篇にある「君子に三楽あり」という言葉に由来しています。

孟子の三楽の一つ目は父母がそろって健在で兄弟に事故がないこと、二つ目は自らを省みて天地に恥じることがないこと、そして三つ目は天下の英才を集めて若い人を教育することと謳われています。

この考えが三楽舎プロダクションの根本の設立理念となっています。

生涯学習が叫ばれ、社会は少子化、高齢化さらに既存の知識が陳腐化していき、われわれはますます生きていくために、また自らの生涯を愉しむためにさまざまな知識を必要としています。

この知識こそ、真っ暗な中でひとり歩まなければならない人々の前を照らし、導き、激励をともなった勇気を与えるものであり、殺風景にならないように日々の時間を彩るお相手であると思います。

そして、それらはいずれも人間の経験という原資から繭のごとく紡ぎ出されるものであり、そうした人から人への経験の伝授こそ社会を発展させてきた、そしてこれからも社会を導いていくものなのです。

三楽舎プロダクションはこうしたなかにあり、人から人への知識・経験の媒介に関わり、社会の発展と人々の人生時間の充実に寄与するべく活動してまいりたいと思います。

どうぞよろしくご支援賜りますようお願い申しあげます。

三楽舎プロダクション一同